प्रेम नियम

प्लास्टिक प्रेम से मुक्ति

बेस्ट सेलर पुस्तक **'विचार नियम'** के रचनाकार

सरश्री

MANJUL

मंजुल पब्लिशिंग हाउस

First published in India by

MANJUL

Manjul Publishing House Pvt. Ltd.

Corporate & Editorial Office

• 2nd Floor, Usha Preet Complex, 42 Malviya Nagar, Bhopal 462 003 - India
Email: manjul@manjulindia.com Website: www.manjulindia.com

Sales & Marketing Office

• 7/32, Ground Floor, Ansari Road, Daryaganj, New Delhi 110 002
Email: sales@manjulindia.com

Distribution Centres

Ahmedabad, Bengaluru, Bhopal, Kolkata, Chennai,
Hyderabad, Mumbai, New Delhi, Pune

Prem Niyam by Sirshree Tejparkhi

Tejgyan Global Foundation is a charitable organisation
with its headquarter in Pune, India

This edition first published in India in 2015

ISBN 978-81-8322-612-7

Printed and bound in India by Thomson Press (India) Ltd.

यह पुस्तक प्रेम से समर्पित है

मीरा, सीता, राधा के त्रिकोण को

जिनका आदर्श प्रेम आज के युग के लिए

मिसाल और मशाल है।

सरश्री द्वारा रचित श्रेष्ठ पुस्तकें

1. इन पुस्तकों द्वारा आध्यात्मिक विकास करें

- **नि:शब्द संवाद का जादू** – जीवन की 111 जिज्ञासाओं का समाधान
- **विचार नियम** – द पावर ऑफ हैपी थॉट्स
- **विकास नियम** – आत्मविकास द्वारा संतुष्टि पाने का राज़
- **कर्मयोग नाइन्टी** – हर एक की गीता अलग है
- **The मन** – कैसे बने मन : नमन, सुमन, अमन और अकंप
- **आत्मबल प्राप्त करने की 5 शक्तियाँ**
- **ध्यान नियम** – ध्यान योग नाइन्टी
- **कैसे लें ईश्वर से मार्गदर्शन** – जो कर हँसकर कर
- **अभिमान से मुक्ति** – नम्रता की शक्ति
- **ए टू ज़ेड 26 सबक** – 26 Lessons of life
- **पहले राम फिर काम** – भक्ति शक्ति रामायण पथ

2. इन पुस्तकों द्वारा स्वमदद करें

- **आत्म-मनोबल प्राप्त करने की 7 शक्तियाँ**
- **मोह, अहंकार और बोरडम से मुक्ति** – सूक्ष्म विकारों पर विजय
- **भय, चिंता और क्रोध से मुक्ति** – स्थूल विकारों से मुक्ति
- **नींव नाइन्टी** – नैतिक मूल्यों की संपत्ति
- **स्वसंवाद का जादू** – अपना रिमोट कंट्रोल कैसे प्राप्त करें
- **संपूर्ण लक्ष्य** – संपूर्ण विकास कैसे करें
- **संपूर्ण सफलता का लक्ष्य**
- **निर्णय और जिम्मेदारी** – वचनबद्ध निर्णय और ज़िम्मेदारी कैसे लें
- **आलस्य से मुक्ति के 7 क़दम**

3. इन पुस्तकों द्वारा हर समस्या का समाधान पाएँ

- **प्रार्थना-बीज** – एक अद्भुत शक्ति
- **स्वास्थ्य त्रिकोण** – स्वास्थ्य संपन्न
- **सुनहरा नियम** – रिश्तों में नई सुगंध
- **स्वीकार का जादू** – तुरंत ख़ुशी कैसे पाएँ

4. इन आध्यात्मिक उपन्यासों द्वारा जीवन के गहरे सत्य जानें

- **पृथ्वी लक्ष्य** – मृत्यु का महासत्य
- **जीवन की नई कहानी मृत्यु के बाद** – G1 का पार्ट टू
- **स्वयं का सामना** – हरक्युलिस की आंतरिक खोज
- **कैसे करें ईश्वर की नौकरी** – एक ज़िम्मेदार इंसान की कहानी, समझ मिलने के बाद
- **तनाव का डॉक्टर आपके अंदर** – नया जीवन, नई राहें

प्रेम नियम सूची

पुस्तक का लाभ कैसे लें

1. यह पुस्तक आपके लिए महीने का सेल्फ़ पठन शिविर है। इसमें कुल 28 अध्याय दिए गए हैं। रोज़ एक अध्याय का पठन करके महीने में शिविर पूर्ण करें।
2. इस पुस्तक के पहले खण्ड में आप प्रेम नियम और प्रेम की पहचान के बारे में जानेंगे।
3. दूसरे खण्ड में आप असली और नकली प्रेम के बीच का फ़र्क़ समझ पाएँगे। तीसरे खण्ड में आप असली प्रेम के पारखी बनकर उसे बंधनों से मुक्त करना सीखेंगे। चौथे और पाँचवें खण्ड में आप प्रेम को विकारों से मुक्त रखना सीखेंगे।
4. अपने प्रेम को हर बंधन से मुक्त करके जब आप छठे खण्ड में प्रवेश करेंगे तो सच्चे प्रेम की ओर बढ़ेंगे, उसके लिए आवश्यक गुणों को जानेंगे। सातवें खण्ड में आप ईश्वरीय प्रेम को समझेंगे, जो प्रेम की चरम सीमा है। साथ ही आप भक्तिमय प्रेम को महसूस कर पाएँगे।
5. पुस्तक के छह खण्डों में हर अध्याय के पीछे एक सच्चा प्रसंग बताया गया है। जहाँ लोगों ने प्रेम नियम को अपने जीवन में, अपने रिश्तों में अपनाया और ख़ूबसूरत परिणाम देखे। उनके रिश्तों में एक नया आयाम आया, नाराज़गी की दीवारें टूट गई। ऐसे प्रसंग इसलिए बताए गए हैं ताकि आपको भी प्रेम नियम को अपने जीवन में उतारने की प्रेरणा मिले।

प्रस्तावना

प्रेम कब तक चलेगा

एक बार एक सज्जन ने अपनी सजनी से कहा कि **'मुझे तुम्हारे बाल और दाँत बहुत अच्छे लगते हैं।'**

वह सजनी भी बड़ी सज्जन थी। उसने तुरंत अपने नकली बाल और नकली दाँत निकालकर टेबल पर रख दिए और कहा, **'अगर ये आपको इतने ही पसंद हैं तो आप ख़ुद इन्हें सँभालकर रख लीजिए।'**

वैसे तो वह सज्जन अपनी सजनी से प्रेम करता था लेकिन जब उसने बालों और दाँतों के बिना सजनी की सूरत देखी तो पलभर में ही उसका प्रेम फुर्र हो गया। बाद में वही प्रेम नफ़रत में बदल गया।

यह बदलनेवाला प्रेम, सच्चा प्रेम नहीं है। यह नकली प्रेम है। यह प्लास्टिक प्रेम है।

दरअसरल यह प्रेम सज्जन का सजनी से नहीं, बल्कि बाहरी सौंदर्य से था। अगर आपका प्रेम बाहरी सुंदरता के प्रति है तो यह तब तक टिकेगा, जब तक सुंदरता रहेगी। इसी तरह यदि आपको किसी से इसलिए प्रेम है क्योंकि वह धनवान है तो आपका प्रेम तब तक चलेगा, जब तक उसका दिवाला नहीं निकल जाता। अगर किसी के सिक्सपैक देखकर आपको प्रेम महसूस होता है तो उसका पेट खराब होते ही आपका प्रेम फुर्र हो जाएगा। ऐसे प्रेम को नफ़रत में बदलने में समय नहीं लगता।

नए युग का प्रेम ऐसा ही है जो जितनी रफ़्तार से आता है, उससे भी अधिक तेज़ी से चला जाता है। और यह एक बार नहीं होता बल्कि कई बार होता है। कारण यह है कि आज लोग अपने भीतर के प्रेम नियम के संचार का संपूर्ण दर्शन नहीं करते।

प्रेम, आनंद और मौन - ये ईश्वरीय गुण हैं। इन गुणों में से अगर

ईश्वर का वर्णन किसी एक गुण से करना हो तो वह है 'प्रेम'। ईश्वर के इसी गुण को हम प्रेम नियम के द्वारा समझनेवाले हैं। आज प्रेम की कई गलत धारणाएँ लोगों के मन में बन गई हैं। प्रेममय रिश्ते कई बंधनों में बँध गए हैं। सच्चे प्रेम को न समझकर लोग प्लास्टिक प्रेम में उलझ गए हैं। इसलिए आज सच्चे प्रेम को समझकर स्वयं को इन बंधनों से मुक्त करने की ज़रूरत है।

ज़रूरत है सच्चे प्रेम के ज़रिए ईश्वर द्वारा दिए गए अपने जीवन का आनंद लेने की।

ज़रूरत है ईश्वर द्वारा बनाए गए प्रेम नियम का पालन करने की।

ज़रूरत है सच्चे प्रेम से आगे बढ़कर तेजप्रेम (ईश्वर प्रेम) को समझने की।

तेजप्रेम तक पहुँचने के लिए पहले सच्चे प्रेम को समझें और नकली प्रेम यानी प्लास्टिक प्रेम का दुःख समाप्त करें।

प्रेम न मिलने का दुःख करने के बजाय अपने प्रेम का स्पष्ट दर्शन करें। साथ ही यह खोज करें कि प्रेम बार-बार चला क्यों जाता है? आख़िर सच्चा प्रेम वही होता है, जो केवल रिश्तों का रिश्तों से नहीं बल्कि मानव का मानव से, मानवता से होता है, प्रकृति से होता है, जीवन से जीवन बनकर होता है। एकात्मता की भावना पाकर होता है। विकारों से खाली होकर होता है। एक हाथ की ताली* बजाकर होता है।

तो आइए, सच्चे प्रेमी बनकर सच्चे प्रेम की राह पर चलें... प्रेम, आनंद, मौन की बाँसुरी बजाकर, बाँसुरी की ही तरह खाली होकर बजें।

...सरश्री

---

*स्व अनुभव (एक) में स्थित होकर दो के भाव से मुक्त होना।

खण्ड 1

प्रेम नियम

मेरे जीवन में रहने के लिए धन्यवाद

Thank you for being in my life

अध्याय 1

मेरे जीवन में रहने के लिए धन्यवाद

स्वयं को और दूसरों को प्रेम देने का तरीक़ा

एक राजा अपने राजमहल की खिड़की से रोज़ सुबह एक लकड़हारे को काम पर जाते हुए देखा करता था। वह लकड़हारा सवेरे-सवेरे, ठिठुराती ठंढ में, जंगल से लकड़ियाँ काटने जाता था। वह रोज़ राजमहल के नज़दीक से गुज़रता था। लकड़हारे को सुबह जाते हुए देखकर राजा के मन में उसके प्रति दुःख का भाव जगता था। शाम को जब लकड़हारा घर लौटता था, उस समय भी राजा उसे देखा करता था परंतु शाम के समय लकड़हारे के प्रति राजा के भाव बिलकुल विपरीत होते थे। शाम को उसे देखकर राजा को उसके प्रति घृणा और क्रोध के विचार आते थे।

राजा को आश्चर्य होता था कि एक ही इंसान के प्रति उसके विचारों में इतनी विभिन्नता क्यों है? काफ़ी सोच-विचार के बाद राजा ने अपने बुद्धिमान मंत्री को बुलाकर लकड़हारे के प्रति अलग-अलग विचार आने का कारण जानना चाहा। मंत्री ने राजा से अनुरोध किया कि उसे दो दिन का समय दिया जाए ताकि वह मामले की तह तक जा सके।

अगले दिन मंत्री साधारण वेश में उस लकड़हारे के घर पहुँचा। लकड़हारा मंत्री को पहचान नहीं पाया। मंत्री ने लकड़हारे से कुशल-मंगल

पूछा तथा उसके काम–धंधे के बारे में उससे बातचीत की। लकड़हारे ने अपना हालचाल ठीक बताया और कहा कि 'धंधे से उसका किसी तरह गुज़र–बसर हो जाता है।' यहाँ तक मंत्री को सब कुछ सामान्य लगा और उसे कोई ख़ास बात नज़र नहीं आई। बातचीत के दौरान मंत्री ने लकड़हारे के घर में एक बंद कमरा देखा। मंत्री को उत्सुकता महसूस हुई कि उस बंद कमरे में क्या होगा? मंत्री के सवाल पूछने पर लकड़हारे ने बताया कि उस कमरे में वह चंदन की लकड़ियाँ हैं, जिन्हें वह किसी विशेष उद्‌देश्य से इकट्‌ठा कर रहा है। मंत्री के पूछने पर रहस्य खुला कि लकड़हारा सोचता था, राजा की मृत्यु के उपरांत उनके अंतिम संस्कार के समय चिता बनाने के लिए ढेर सारी चंदन की लकड़ियों की ज़रूरत पड़ेगी। उस समय वह उन लकड़ियों को दोगुने–चौगुने मूल्यों में बेचेगा तो उसे लकड़ियों की मुँहमाँगी रकम मिलेगी।

लकड़हारे का जवाब सुनकर मंत्री को पूरी बात समझ में आ गई।

सुबह जब लकड़हारा जंगल जाता था तो उसके अंदर अपनी आजीविका और जीवन के कष्टों के विचार होते थे। शाम में घर लौटते समय महल को देखकर उसके अंदर राजा की मृत्यु का विचार आता था।

उसके अंदर जो विचार आ रहा है, उसे आज की भाषा में इस तरह कहेंगे, 'आय हेट यू फ़ॉर बींग इन माय लाइफ़', 'तुम मेरे जीवन में हो, कब मरोगे ताकि मेरा उद्धार हो?'

कई लोगों को इस तरह के विचार आते हैं – सास, बहू के बारे में सोचती है 'आय हेट यू फ़ॉर बींग इन माय लाइफ़' ऐसे ही विचार बहू को सास के बारे में आते हैं। कर्मचारी बॉस के लिए ऐसे विचार रखता है, कोई पड़ोसी के बारे में ऐसा सोचता है। यही विचार नकारात्मकता की जड़ है। यह विचार एक इंसान के अवचेतन मन से दूसरे इंसान के अवचेतन मन में जाता है।

इस कहानी में यही रहस्य था कि लकड़हारे के अवचेतन मन के विचार राजा के अवचेतन मन को छू रहे थे और उसमें वैसे भावों का निर्माण हो रहा था।

आगे कहानी में मंत्री ने एक अच्छा काम किया। उसने लकड़हारे से

कहा, 'तुम्हें इन लकड़ियों के दोगुने-चौगुने मूल्य आज ही प्राप्त हो सकते हैं। राजा एक चंदन का महल बनाने की योजना बना रहा है, जिसके लिए ढेर सारी चंदन की लकड़ियाँ चाहिए। तुम अपनी सारी लकड़ियाँ कल ही मुँहमाँगी कीमत पर बेच सकते हो। ये लकड़ियाँ बेचने के लिए तुम्हें राजा की मृत्यु का इंतज़ार नहीं करना पड़ेगा' मंत्री की बातें सुनकर लकड़हारे की आँखें आनंद से चमक उठीं। उस लकड़हारे के मन से राजा की मृत्यु का विचार तुरंत ही ख़त्म हो गया।

अगले दिन शाम को जब राजा ने राजमहल की खिड़की से लकड़हारे को गुज़रते देखा, तब उसके प्रति राजा के मन में बुरे विचार बिलकुल नहीं आए। राजा को आश्चर्य हुआ। उसने मंत्री को बुलाकर कहा, 'क्या आश्चर्य है! लकड़हारे के प्रति घृणापूर्ण विचार आज समाप्त हो गए। तुमने ऐसा क्या जादू किया?'

आप तो समझ ही चुके हैं कि क्या जादू हुआ था। लकड़हारे के मन के विचारों का परिवर्तन राजा के मन तक पहुँच चुका था।

आपके जीवन में भी कुछ ऐसे लोग होंगे जो आपको बहुत सहयोग करते हैं। अब आप इनमें से तीन श्रेष्ठ लोगों को चुनें। वे ऐसे लोग भी हो सकते हैं, जिनसे आपको बहुत प्रेम और सहयोग मिल रहा है और ऐसे भी लोग हो सकते हैं, जिनसे आपकी अनबन चल रही है। दोनों तरह के लोगों में आपको तीन श्रेष्ठ लोगों का चुनाव करना है। फिर इन छह लोगों को आप कहेंगे, 'थैंक यू फ़ॉर बींग इन माय लाइफ़', 'मेरे जीवन में होने के लिए आपका धन्यवाद।' यह करते रहें, फिर आप अपने जीवन में चमत्कार देखेंगे।

आप सोचेंगे कि 'मेरे जीवन के नकारात्मक लोगों को मैं ऐसा क्यों कहूँ?' इसे समझें। जीवन में नकारात्मक लोग हैं इसी वजह से अच्छे लोगों की कद्र होती है। सोचकर देखें, आपके जीवन में कितने सारे अच्छे लोग भी हैं। आप उनकी कदर ही नहीं करते। इस तरह नकारात्मक लोगों को अब नए नज़रिए से देखना शुरू करें।

जो लोग आपके जीवन में अच्छा कार्य कर रहे हैं, उन्हें जाकर कहें, 'थैंक यू फ़ॉर बींग इन माय लाइफ़' और जिनके साथ अनबन चल रही है,

उनके लिए भी मन में यही पंक्ति कहें।

जिन लोगों की आपके साथ अनबन चल रही है, उनसे आपको सबसे बड़ा जो प्रशिक्षण मिल रहा है, वह है धीरज का। आपको मालूम ही नहीं है कि वे आपकी योग्यता को, आपके गुणों को बढ़ा रहे हैं। ये लोग आपके जीवन में आपसे खोज करवाते हैं, मनन करवाते हैं। कुछ जगह पर आप बहुत मनमानी करते हैं और आपको मालूम ही नहीं होता है। वे आपको आपका दर्शन करवाते हैं।

आपके अंदर का हर अंधेरा कोना प्रकाशित करने के लिए आपके जीवन में सकारात्मक लोग भी हैं और कुछ नकारात्मक लोग भी। दोनों के लिए जब आप रोज़ कुछ समय निकालकर उनसे क्षमा माँगें, उन्हें क्षमा करें और धन्यवाद देते हुए मन में कहें, 'थैंक यू फ़ॉर बींग इन माय लाइफ़।'

इस पंक्ति का पाठ करते रहें, कुछ ही समय बाद आप देखेंगे कि जिनके साथ अनबन चल रही थी वह अब पूरी तरह ख़त्म हो गई। आप यह दिनभर में कभी भी कर सकते हैं। कम से कम रात को सोने से पहले तो ज़रूर करें।

नकारात्मक लोगों के प्रति आज तक आपके अवचेतन मन में यही विचार था, 'मैं तुमसे नफ़रत करता हूँ... तुम मेरे जीवन से निकल जाओ', 'आय हेट यू फ़ॉर बींग इन माय लाइफ़।' भले ही आप ऐसे ही शब्द नहीं कहते मगर आपकी देहबोली, आपके विचार उसी तरफ इशारा करते थे, आपको भी पता नहीं था। अब सही समझ रखकर, प्रेम नियम को समझते हुए, सजगता के साथ कहें, 'मेरे जीवन में रहने के लिए आपका धन्यवाद।'

आपके जीवन में जो अच्छे लोग हैं, उन्हें रात को सोते समय मन में या जब उनसे बातचीत हो तब कह सकते हैं, 'थैंक यू फ़ॉर बींग इन माय लाइफ़' उन्हें यह सुनकर अच्छा लगेगा। वे जानते ही हैं कि आप उन्हें पसंद करते हैं मगर फिर भी वे ऐसे शब्द आपसे सुनना चाहते हैं।

यह एक पंक्ति प्रेम नियम को आपके जीवन में उजागर करेगी। परंतु यह प्रेम नियम है क्या? आइए इसे समझें अगले अध्याय में।

प्रेम नियम को जीवन में उतारने के लिए क्या आप यह कर पाएँगे?

प्रेम नियम के बारे में जब एक पति ने रहस्य जाना तो उसने अपनी पत्नी से कहा, 'थैंक यू फ़ॉर बीइंग इन माय लाइफ़'। उसकी आँखें नम थीं और उसने बताया 'जब हमारी शादी हुई थी तब मेरी आर्थिक परिस्थिति अच्छी नहीं थी। उस वक़्त मैं अपनी पत्नी की ख़्वाहिशों को पूरा नहीं कर पा रहा था। ऐसे वक़्त में मेरी पत्नी मेरे साथ खड़ी रही। उसने मेरी परिस्थितियों को समझा और कोई इच्छा ज़ाहिर नहीं की। उसने मुझे बहुत सपोर्ट किया।

आज मेरी पत्नी के सपोर्ट के कारण मेरा प्रमोशन हुआ है। जहाँ मैं पहले असिस्टेंट प्रोफ़ेसर था, आज वहीं मैं एच.ओ.डी. की पोस्ट पर हूँ। मेरी आमदनी भी बढ़ गई है। मैं अपने जीवन में सेटल्ड हूँ और आज हमारी एक प्यारी सी बच्ची भी है।

मेरी पत्नी ने मेरे लिए इतना कुछ किया पर मैं उसे कभी धन्यवाद दे नहीं पाया। आज मैं उसे धन्यवाद देता हूँ। साथ ही यह भी कहता हूँ कि ''मैं तुमसे प्रेम करता हूँ और सच्चा प्रेम करना चाहता हूँ।'''

पत्नी ने जब पति के विचार सुने, तब से उसकी सारी आंतरिक शिकायतें समाप्त हो गईं।

अध्याय 2

प्रेम नियम ज्ञान

अपनी प्रेम की पंक्ति को पहचानें

अगर आपके पास प्रेम है तो आपको किसी दूसरी चीज़ की ज़रूरत नहीं है।
और अगर आपके पास यह नहीं है,
तो इससे ज़्यादा फ़र्क़ नहीं पड़ता कि आपके पास बाकी क्या है।

– जेम्स बैरी

प्रेम करता हूँ क्योंकि मुझे प्रेम मिलता है।
मुझे प्रेम मिलता है क्योंकि मैं प्रेम करता हूँ।

प्रेम नियम को समझने के लिए, पहले आप अपने प्रेम की पंक्ति को पहचानें। यह पंक्ति आपके प्रेम की दिशा बदल देगी।

आगे दी गई चार महत्त्वपूर्ण पंक्तियों में वह पंक्ति छिपी है। चारों पंक्तियों को पढ़कर, समझकर अपने अंदर के प्रेम के स्तर को भी पहचान लें।

पहली पंक्ति – मैं प्रेम करता हूँ क्योंकि मुझे प्रेम मिलता है।
दूसरी पंक्ति – मुझे प्रेम मिलता है क्योंकि मैं प्रेम करता हूँ।

इन दो पंक्तियों में क्या फ़र्क़ है, यह समझें। पहली पंक्ति का अर्थ है, अगर मुझे प्रेम नहीं मिलता तो मैं भी प्रेम नहीं करता। दूसरी पंक्ति

में प्रेम करने को अधिक महत्त्व दिया गया है। दूसरी पंक्ति पर विश्वास करनेवाला यह रहस्य जानता है कि प्रेम ऐसी चीज़ है, जो लेने से नहीं देने से मिलती है।

तीसरी पंक्ति – न मैं प्रेम करता हूँ, न मुझे प्रेम मिलता है।
चौथी पंक्ति – मैं तो प्रेम करता हूँ मगर मुझे प्रेम नहीं मिलता।

इन चारों पंक्तियों में से आप कौन सी पंक्ति पर विश्वास करते हैं, यह ईमानदारी से स्वयं को बताएँ। स्वयं से छिपाकर हम प्रेम दर्शन नहीं कर पाएँगे। स्वयं को सच्चाई बताना ज़रूरी है।

अपने स्तर का दर्शन कर, आइए अब प्रेम दर्शन पथ की ओर आगे बढ़ते हैं। प्रेम दर्शन के लिए प्रेम नियम को समझना आवश्यक है।

'प्रेम' ही एक ऐसी चीज़ है जो लेने से नहीं बल्कि देने से मिलती है। यह सुनने में अतार्किक ज़रूर लगता है मगर कुदरत का नियम कहता है कि जो भी आप देते हैं वह आपके पास कई गुना बढ़कर आता है। और यही प्रेम पर भी लागू होता है इसलिए प्रेम नियम यह बनता है कि

'जो देने से मिले, लेने से घटे।
जो बिन फ्रेम प्रेम है, वही प्रेम नियम है।'

जिस तरह फ़ोटो को फ्रेम में फ़िट किया जाता है, उसी तरह हर इंसान चाहता है कि प्रेम भी फ्रेम में फ़िट हो जाए। परंतु प्रेम फ्रेम में नहीं समाता। प्रेम को जानने के लिए इस फ्रेम को हटाना ज़रूरी है।

मूर्खता में लोग लेने की ही इच्छा रखते हैं क्योंकि तर्क कहता है कि कोई भी चीज़ लेने से बढ़ती है। इसलिए हमेशा लेने के लिए हाथ बढ़ाया जाता है, देने के लिए नहीं। प्रेम की माँग करनेवाले लोगों को हमेशा प्रेम की कमी महसूस होती है। 'सामनेवाला मुझे प्रेम देगा तो ही मैं उसे प्रेम दूँगा।' यह भाव लोगों को प्रेम से दूर ले जाता है। प्रेम से दूर होकर भी वे अपनी ग़लती समझ नहीं पाते तो उनका पूरा जीवन प्रेमशून्य हो जाता है। प्रेम फ्रेम में फँस जाता है।

कुदरत में चारों ओर प्रेम, आनंद, मौन भरपूर है। प्रेम एक बेशक़ीमती दौलत है लेकिन भरपूर होने के बावजूद भी हम उसके लिए तरसते रहते

हैं, उसे पाने के लिए तड़पते रहते हैं। प्रेम साथ में होता है और हम उसके लिए यहाँ-वहाँ भागते रहते हैं। वह अलग-अलग वेष में हमारे सामने आता है, मगर हम अपने तरीक़े से प्रेम न मिलने पर, उसे न पहचानने की भूल कर बैठते हैं। अपने तरीक़े से प्रेम लेने की चाहत अकसर हमें प्रेम से वंचित कर देती है।

लोग अकसर कहते हैं कि everything is fair in love and war. अर्थात अपना प्रेम पाने के लिए और युद्ध में जीत हासिल करने के लिए कुछ भी करना जायज़ है। इंसान प्रेम पाने के लिए किसी भी हद तक जा सकता है। जैसे बीमारी का नाटक करना, इमोशनल ब्लैकमेल करना, सामनेवाले का ध्यान खींचने की हर कोशिश करना, इत्यादि। लेकिन क्या यह सब करके वह सामनेवाले का प्रेम प्राप्त कर पाता है? वास्तविकता यह है कि प्रेम नियम जानकर ही प्रेम प्राप्त किया जा सकता है।

प्रेम देने से ही प्रेम मिलता है और प्रेम, फ्रेम हटाने से खिलता है। तो क्यों न प्रेम देना शुरू करें। प्रेम देने का एक और कारण यह भी है कि लोग आपके प्रेम के लिए रो रहे हैं...!

प्रेम नियम को जीवन में उतारने के लिए क्या आप यह कर पाएँगे?

एक लड़का था। वह बहुत क्रोधी स्वभाव का था। माँ की बातों पर वह कभी भी ध्यान नहीं देता था। इस वजह से उसकी माँ बड़ी उदास रहा करती थी। अपने बेटे के लिए सदा चिंतित रहा करती थी। कुछ दिनों बाद उस लड़के को अपनी इस बुरी आदत का एहसास हुआ। वह अपने सभी पैटर्न (गलत आदतें) तोड़ने के लिए प्रयत्नशील रहने लगा। धीरे-धीरे प्रेम नियम की समझ मिलने पर परिवार के सभी सदस्यों के साथ उसका तालमेल बैठ गया। घर का वातावरण हलका-फुलका हो गया।

उस लड़के के पिता बहुत शांत और गंभीर स्वभाव के थे। वे कभी अपने बेटे से खुलकर बात नहीं करते थे। अतः पिता-पुत्र के बीच एक अनजानी शीशे की दीवार बन गई थी। वे एक-दूसरे से कटे-कटे रहते थे। लड़के की यह इच्छा थी कि जीवन में एक बार तो पापा से गले मिलूँ। अठारह वर्षों बाद वह अपने पापा के गले लगा। उसे महसूस हुआ कि इतने वर्षों तक वह कितने बड़े आनंद से वंचित रहा। पिता भी इस प्रेम प्रदर्शन से चकित और आनंदित हुए।

अध्याय 3

लोग आपके प्रेम के लिए रो रहे हैं

प्रेम नियम की गहराई

प्रेम हर बोझ को हलका बना देता है।

– थॉमस केंपिस

'लोग आपके प्रेम के लिए रो रहे हैं' इस पंक्ति पर विश्वास करना मुश्किल लगता होगा, परंतु यह सच्चाई है। यह पंक्ति आपको प्रेम नियम की गहराई का एहसास करवाएगी। कैसे? आइए, समझें।

आप सोचते हैं कि 'फ़लाँ-फ़लाँ इंसान मुझसे नफ़रत करता है' लेकिन पहले सच्चाई को समझने का प्रयास करते हैं कि वह आपसे वाकई में क्या चाहता है? इसके लिए आपको एक प्रयोग करना होगा।

उदाहरण के तौर पर यदि कोई पड़ोसी आपके मकान पर पत्थर फेंककर जाता है तो आप उस पर क्रोधित हो जाते हैं। परंतु प्रेम का कानून समझने के लिए आपको पड़ोसी के दृष्टिकोण से सोचना होगा। इसके लिए पहले स्वयं से पूछें कि 'यदि मैं वह पड़ोसी हूँ तो मैं यह पत्थर फेंकने जैसी हरकत क्यों करूँगा? पत्थर फेंकने से मुझे क्या मिलेगा?' मनन करें

कि पत्थर फेंकने से उस पड़ोसी को ऐसी कौन सी भावना महसूस होती है, जिसके लिए वह ऐसी हरकत करता है? हो सकता है कि आपके पड़ोसी को प्रेम या ध्यान की भावना चाहिए और वह भावना पाने का उसे यह एक ही तरीक़ा मालूम है।

अब यदि हम उसे अलग तरीक़े से वही भावना दे पाए तो वह पत्थर फेंकना बंद कर देगा। हो सकता है कि वह आपका ध्यान पाना चाहता हो और आपको यह पता न हो। पता न होने के कारण आप आवेश में आ जाते हैं परंतु आपके क्रोध करने से पड़ोसी में सुधार नहीं होगा। इसलिए क्रोधित होने के बजाय लोगों को समझने का प्रयास करें।

दरअसल ऐसे लोग (नाराज़ पति, बच्चे, पत्नी, नौकर) आपके प्रेम के लिए रो रहे होते हैं। वे आपका ध्यान, आपका प्रेम, आपका स्नेह, आपका समय चाहते हैं। उन्हें पता नहीं होता कि वे आपको यह कैसे बताएँ, इसलिए कुछ ऐसी हरकतें करते हैं, जिनसे आपका ध्यान उनकी ओर जाता है। आपको लगता है कि वे आपसे नफ़रत करते हैं इसलिए ऐसा कर रहे हैं, परंतु सच्चाई ठीक विपरीत होती है।

अब ज़रा सोचें कि आपके जीवन में ऐसा कौन है, जो प्रेम के लिए रो रहा है? शायद वह आपके आस-पास ही (भाई, बहन, माँ, पिता) घूम रहा है। वह ऐसी कुछ उटपटांग हरकतें कर रहा है, जो आपको बिलकुल पसंद नहीं आतीं। उसकी हरकतें देखकर आप यही कहते हैं कि 'इस इंसान से तो मैं बिलकुल प्रेम नहीं करूँगा।' लेकिन जब आप उस इंसान से प्रेम करने लगेंगे तो बहुत जल्द ही उसकी उटपटांग हरकतें बंद हो जाएँगी। वह सिर्फ़ आपके प्रेम के लिए रो रहा है, उसकी सच्ची हालत देखेंगे तो आपको भी करुणा आएगी।

हमें तो सिर्फ वही हरकतें दिखाई देती हैं, जिससे हमें तकलीफ़ होती है। इसलिए अब एक नए नज़रिए से, सामनेवाले के दृष्टिकोण से देखें। जब आप खोज करेंगे तो पता चलेगा कि वह इंसान किस-किस तरह से प्रेम माँगता है। प्रेम माँगने के कई तरीक़े हैं। इंसान कभी सीधे-सीधे नहीं कहेगा कि 'मुझे आपसे प्रेम चाहिए' क्योंकि ऐसा करने से उसके अहंकार को ठेस पहुँचती है। हालाँकि प्रेम अहंकार को मारने के लिए ही होता है

मगर यही अहंकार प्रेम के बीच में आ जाता है इसलिए इंसान सीधे तरीक़े से प्रेम नहीं माँग पाता। आपको ही लोगों के दृष्टिकोण से सोचना होगा।

अज्ञान में इंसान सोचता है कि 'फ़लाँ इंसान मुझे तकलीफ़ दे रहा है, अब मैं भी उससे बदला लूँगा। उसे मेरी कदर होनी ही चाहिए।' सामने वाला इंसान जानता ही नहीं कि प्रेम माँगने का उसका तरीक़ा ग़लत है।

बच्चा सीधे रोकर बताता है कि 'मुझे प्रेम चाहिए।' उसके मन में ये विचार नहीं आते कि 'सामने वाला मेरे बारे में क्या सोचेगा... मैं बड़ा हूँ इसलिए मुझे इस तरह प्रेम की माँग नहीं करनी चाहिए।' वह निश्छल मन से कहता है कि 'मुझे गोद में उठा लो, मुझे प्यार करो।' उम्र बढ़ने के साथ इंसान को प्रेम माँगने में हिचकिचाहट होने लगती है। कई माता-पिता चाहकर भी अपने बच्चों से बोल नहीं पाते कि 'मुझे गले लगाओ।' उन्हें लगता है कि बड़ों को ही अपने से छोटी उम्र के लोगों को गले लगाना चाहिए। बड़ों को बच्चों से नहीं कहना चाहिए कि 'मुझे गले लगाओ।' बड़ों की इस धारणा के कारण बच्चे कभी समझ नहीं पाते कि हमें भी अपने माता-पिता को या दादा-दादी को गले लगाना चाहिए।

कई बार माता-पिता अपने बच्चे के प्यार के लिए तरस रहे होते हैं, मन ही मन रो रहे होते हैं। वे बच्चों को डाँटते हैं, बात-बात पर टोकते हैं ताकि बच्चे उन पर ध्यान दें। बच्चे उनकी बात समझ नहीं पाते इसलिए माता-पिता से उखड़ जाते हैं। जो भी किशोर अथवा युवा इस पुस्तक को पढ़ रहे हैं, इस विषय को समझ रहे हैं, वे अब बिना माँगे अपने माता-पिता को प्रेम देना शुरू करें। जो अभिभावक इस विषय को समझ रहे हैं वे बेहिचक बच्चों से प्रेम माँगें। यह पारदर्शिता हर रिश्ते में होनी चाहिए। असली प्रेम के चलते माता-पिता अपने बच्चों के साथ यदि अच्छा संवाद मंच बना पाए तो समझें कि वे सफल हुए।

यहाँ आपने 'प्रेम के लिए तरस रहे लोगों को भी कैसे प्रेम दिया जाए', यह सीखा। यह है प्रेम नियम की गहराई, जो हमें प्रेम के लिए तरस रहे लोगों को भी प्रेम देना सिखाती है।

हर इंसान को अपने आस-पास ऐसे लोगों को देखना चाहिए, जो उसका प्रेम पाने के लिए रो रहे हैं। ऐसे लोगों को प्रेम और आदर देना शुरू

करें। इसमें आपका कोई नुकसान नहीं होगा। यदि सामनेवाले को आपसे प्रेम नहीं चाहिए और फिर भी आप उसे प्रेम देते हैं, अच्छा प्रतिसाद देते हैं तो इसमें भी आपका कोई नुकसान नहीं होगा। अच्छा प्रतिसाद देकर प्रेममय रिश्तों में अनबन से बचें, उन्हें खोने से बचें।

आइए अब ऐसा ध्यान सीखें, जो आपको अनबन से मुक्त होना सिखाता है।

अनबन से मुक्ति का ध्यान

जिस तरह जीवन में सकारात्मक लोगों की आवश्यकता है, उसी तरह नकारात्मक लोगों की भी आवश्यकता है। जिनके साथ आपकी अनबन चल रही है, वे लोग तो वास्तव में आपके अंदर के अप्रकाशित कोने को प्रकाश में लाने के लिए निमित्त बन रहे हैं। एक तरह से वे आपकी मदद ही कर रहे हैं। इस समझ के साथ आप यह ध्यान करेंगे, उन्हें धन्यवाद देंगे। यह ध्यान आप दिनभर में कभी भी, अपने समय अनुसार कर सकते हैं। पहले यह ध्यान पूरा पढ़ लें, फिर करें।

1. अपनी आँखें बंद करें और ध्यान की मुद्रा में बैठें।
2. अब अपनी आँखों के सामने उन तीन लोगों को लाएँ, जो आपके साथ बहुत अच्छा व्यवहार करते हैं। उन्हें मन ही मन कहें, 'थैंक यू फ़ॉर बींग इन माय लाइफ़', मेरे जीवन में रहने के लिए आपका बहुत-बहुत धन्यवाद। जाने-अनजाने मुझसे कोई ग़लती हुई हो तो मैं उसके लिए क्षमा प्रार्थी हूँ, क्षमा चाहता/चाहती हूँ। कृपया मुझे क्षमा करें।' पूरे दिल से उनसे क्षमा माँगें।
3. आपके जीवन में और भी कुछ ऐसे लोग हैं, जिन्हें आप धन्यवाद देना चाहते हैं तो उन्हें भी एक-एक करके अपनी आँखों के सामने लाएँ और दिल से उन्हें धन्यवाद दें, 'थैंक यू फ़ॉर बींग इन माय लाइफ़। मेरे जीवन में होने के लिए आपका बहुत-बहुत धन्यवाद। आय लव ऐंड रिस्पेक्ट यू। मैं आपका आदर करता हूँ।'
4. अब अपनी आँखों के सामने उन तीन लोगों को लाएँ, जिन्हें आप पसंद नहीं करते, जिनसे आपकी अनबन चलती रहती है। फिर मनन

करें कि 'वे लोग मुझे क्या सिखा रहे हैं? कौन सा प्रशिक्षण दे रहे हैं? क्या वे मेरा धीरज बढ़ा रहे हैं? मैं अच्छे लोगों की कदर नहीं करता इसलिए वे मुझे कदर करना सिखा रहे हैं या कहीं पर मैं मनमानी करता हूँ तो वे आइना दिखा रहे हैं। वे मुझसे सत्य की खोज करवा रहे हैं। क्योंकि परेशान होकर मैं सत्य की खोज करता हूँ। वे मेरी योग्यता बढ़ा रहे हैं। मुझे परेशान करके वे ख़ुद भी परेशान हैं।' उनकी परेशानी को भी समझें।

5. यह मनन करने के बाद उन्हें आँखों के सामने लाकर कहें, 'थैंक यू फ़ॉर बींग इन माय लाइफ़' मेरे जीवन में रहने के लिए धन्यवाद।' यह धन्यवाद उन तक पहुँचेगा, उनके अंतर्मन तक पहुँचेगा। बाहर से भले ही वे न जानें मगर उन तक आपकी भावना ज़रूर पहुँचेगी।
6. अंत में अपने बचपन को देखें। बचपन में आप कैसे दिखते थे, उस चित्र को अपनी आँखों के सामने लाएँ। उस बच्चे को गले लगाएँ। अपने दोनों हाथ अपने बाजुओं पर रखें जैसे कि उस बच्चे को आप कह रहे हैं, 'आय लव ऐंड रिस्पेक्ट यू, मैं तुमसे बहुत प्यार करता हूँ, तुम्हारा आदर करता हूँ, तुम मुक्त हो जाओ। डरने की कोई आवश्यकता नहीं है। प्रेम नियम तुम्हारे लिए काम कर रहा है। तुम सुरक्षित हो, मैं तुम्हें प्रेम करता हूँ, थैंक यू फ़ॉर बींग इन माय लाइफ़।'
7. आप जैसे भी दिख रहे हैं, उसे स्वीकार करें। आप लंबे-ठिगने, काले-गोरे, मोटे-पतले जिस जाति के, जिस राशि के हैं, ख़ुद से कहें, 'मैं तुम्हें स्वीकार करता हूँ, मैं तुम्हें प्यार करता हूँ।' अंत में ख़ुद को भी प्रेम दें, 'मैं स्वयं को प्रेम करता हूँ, मैं स्वयं का आदर करता हूँ।'
8. प्रेमभरे भावों में कुछ क्षण रहें। प्रेम नियम को स्वयं में उतरते हुए देखें।
9. अब धीरे-धीरे आँखें खोलें।

ख़ुद को प्रेम देकर कैसा लगा? स्वयं को जवाब ज़रूर बताएँ। ख़ुद से प्रेम करने के लिए किसी एजेंट की आवश्यकता नहीं है। बिना एजेंट के भी हम ख़ुद को प्रेम कर सकते हैं। ज़्यादा खाना, ठूस-ठूसकर खाना, व्यायाम न करना, काम और आराम में संतुलन न रखना - ये बातें बताती हैं कि आप स्वयं से प्रेम नहीं करते। जितना प्रेम आप अपने शरीर, मन, बुद्धि

और स्व को देंगे, उससे कई गुना वापस पाएँगे। इस तरह प्रेम नियम आप पर भी लागू होता है।

प्रेम नियम को जीवन में उतारने के लिए क्या आप यह कर पाएँगे?

प्रेम नियम को जानकर एक पिता ने कहा, 'मेरा बेटा काम के सिलसिले में पूरा दिन बाहर रहता है। सुबह निकलता है तो रात को घर लौटता है। घर लौटने के बाद वह खाना खाकर सो जाता है। पहले मुझे उस पर गुस्सा आता था। मैं सोचता था कि मेरे बेटे को अपने बूढ़े बाप से बात करने के लिए समय ही नहीं है। वह दो मिनट भी मेरे साथ बैठकर बातचीत नहीं करता। यह सोचकर मैं दुःखी होता था। पर आज समझ मिलने के बाद मुझे एहसास हो रहा है कि मेरा बेटा काम कर रहा है इसलिए मैं आराम कर पा रहा हूँ। यदि वह काम नहीं करता तो शायद आज उसकी जगह पर मैं होता। इसलिए मैं अपने बेटे को धन्यवाद देता हूँ।' अपने पिता की बातें सुनकर बेटे की आँखें नम हो गईं और उसने अपने पिता को गले लगा लिया।

अध्याय 4

प्रेम कैसे खो गया

अपनी मूल चाहत को समझें

प्रेम के बिना जीवन वैसा ही है, जैसे फल-फूल के बिना वृक्ष।

– **खलील जिब्रान**

एक माँ और उसकी छोटी बेटी कार से कहीं जा रहे थे। बेटी छोटी थी इसलिए माँ ने उसे पीछे की सीट पर बैठाया था और उसकी सुरक्षा की पूरी व्यवस्था की थी। माँ स्वयं गाड़ी चला रही थी। अचानक उनकी गाड़ी का ऐक्सीडेंट हो गया। माँ को काफ़ी चोट लगी परंतु बेटी सुरक्षित थी।

माँ बहुत घायल थी इसलिए लोग उसे हॉस्पिटल ले जा रहे थे। बेटी ने देखा कि उसकी माँ को लोग ले जा रहे हैं। वह बहुत हैरान थी कि अचानक क्या हो गया? उसकी माँ को कहाँ ले जाया जा रहा है? उसे कुछ समझ नहीं आ रहा था। उसके लिए यह नई घटना थी। फिर कुछ लोग बेटी को बाकी रिश्तेदारों के पास छोड़ आए।

बेटी ने देखा कि उसकी माँ घर पर नहीं है। कई दिन हो गए उसकी माँ घर वापस नहीं आई। फिर एक दिन उसकी माँ हॉस्पिटल से घर वापस आई परंतु अपने घावों के कारण वह अपनी बेटी को गोद में नहीं ले पाई। बेटी को लगा कि माँ इतने दिन बाद घर आई है और मुझे गोद में भी नहीं लिया।

छोटा बच्चा सबसे अधिक अपनी माँ के नज़दीक होता है। माँ उसकी पूरी देखभाल करती है। जैसे-जैसे वह बड़ा होता जाता है, माँ चाहती है कि वह खुद ज़िम्मेदार बने इसलिए कुछ-कुछ काम वह उसे स्वयं करने देती है। चूँकि बच्चा माँ की भावनाएँ समझ नहीं पाता, उसे लगता है कि माँ उससे दूर होती जा रही है। वह बड़ा होता है और उसके तोलने वाले मन का भी निर्माण होता जाता है।

धीरे-धीरे वह देखता है कि अब माँ मुझे कम ध्यान दे रही है... पहले मुझे नहलाती थी, अब कहती है, 'खुद नहाओ...' पहले स्कूल के लिए तैयार करती थी, अब कहती है, 'खुद तैयार हो जाओ।' उसे लगने लगता है कि उसकी माँ उससे प्रेम नहीं करती।

यही ग़लतफ़हमी उस छोटी सी लड़की को भी हुई। उसके मन में एक डर बैठ गया। उसने यह मान्यता बना ली कि जो इंसान जाता है वह कभी वापस नहीं आता। वह बच्ची छोटी थी। उसे पता नहीं था कि ऐक्सीडेंट क्या होता है... हॉस्पिटल क्या होता है...। उसे यह भी समझ में नहीं आ रहा था कि माँ का शरीर कमज़ोर है इसलिए वह उसे उठा नहीं पा रही है। इस कारण उसके नन्हे से मन ने एक कल्पना बुन ली।

अब यह बेटी हर रिश्ते को इसी कल्पना से बाँधती है। वह अपनी सहेलियों को किसी और के साथ खेलने से मना करती है... अपने घर पर आए लोगों को वापस जाने नहीं देती, रोती है। बड़ी होकर यही बच्ची जब माँ बनती है तो अपने पति व बच्चों को बंधन में बाँध लेती है। वह बच्चों को पढ़ाई के लिए विदेश नहीं भेजती... नौकरी करने के लिए उन्हें दूसरे शहर तक नहीं भेजती। अपने पति को ऑफ़िस में बार-बार फोन करके घर आने के लिए कहती है।

कई बार बच्चे समझ नहीं पाते कि बड़े उनके साथ ऐसा व्यवहार क्यों कर रहे हैं? वे नहीं जानते कि उनके माता-पिता का बचपन कैसा था? वे किन धारणाओं के साथ बड़े हुए हैं? ये सब जाने बगैर बच्चे माँ-बाप को ग़लत ठहराते हैं। जबकि हमें सोचना चाहिए कि सामने वाला जो निर्णय ले रहा है, उसके पीछे कौन से डर, कौन सी मान्यताएँ या पीड़ा छिपी हैं? जब हमें यह समझ में आ जाएगा तो हमें सामनेवाला कभी ग़लत नहीं लगेगा। बल्कि हम उसे समझने और समझाने की कोशिश करेंगे।

यह तो केवल एक घटना थी। बच्चों का मन ऐसी कई घटनाओं को समझ नहीं पाता और मान्यताएँ गढ़ लेता है। ये मान्यताएँ कहीं न कहीं उनके जीवन पर गहरा प्रभाव डालती हैं।

जब तक बच्चा टीनएज (युवा अवस्था) में पहुँचता है तब तक ऐसी भावनाएँ उसके मन में बहुत गहरी हो चुकी होती हैं। अब वह प्रेम को घर से बाहर खोजना शुरू करता है। उसे प्रेम की वह भावना फिर से महसूस करनी होती है इसलिए वह बड़े जतन करता है। वह खोए हुए प्रेम को फिर से अपने पास महसूस करना चाहता है।

आप देखते हैं कि टीनएज में बच्चे बाहरी प्रेम की तरफ ज़्यादा आकर्षित होते हैं। दरअसल वे अपनी मूल चाहत को पूरा करना चाहते हैं। इस चक्कर में वे ग़लत दिशाओं में मुड़ जाते हैं। उनकी मूल चाहत इतनी गहरी हो चुकी होती है कि जिसे वे असली प्रेम समझते हैं, उस प्रेम के नाक़ामयाब होने पर शरीरहत्या तक कर लेते हैं। ऐसे कई किस्से आपने सुने होंगे।

इसलिए किशोरों के लिए प्रेम नियम ज्ञान वरदान है। टीनएजर्स के साथ सभी के लिए यह समझना ज़रूरी है कि हम प्रेम के स्रोत हैं। स्रोत तो देता है, लेता नहीं। प्रेम नियम के अनुसार प्रेम हमें देने से मिलता है, लेने से नहीं। इस बात पर दृढ़ विश्वास रखें। आपका विश्वास चमत्कार करेगा। यह पुस्तक पढ़ते हुए आप अपने विश्वास को बढ़ते हुए देखेंगे। फिर आप देखेंगे कि अब आपको प्रेम की कमी महसूस नहीं हो रही बल्कि आप प्रेम बाँट रहे हैं। प्रेम नियम के साथ हमें यही कला सीखनी है।

आइए अगले अध्याय में समझें कि आख़िर इंसान को प्रेम माँगने की ज़रूरत क्यों महसूस होती है? उसमें अपना अलग अस्तित्व बनाने की चाहत क्यों होती है?

प्रेम नियम को जीवन में उतारने के लिए क्या आप यह कर पाएँगे?

एक परिवार की बहू को जब प्रेम नियम के बारे में पता चला तो उसने अपने पूरे परिवार को बुलाया। उसने सबसे कहा, 'मैं जो महसूस करती हूँ, आज तक मैंने आप सभी को बताया ही नहीं। मैं भले ही बोलती नहीं पर मैं जानती हूँ कि आप सभी मुझसे बहुत प्रेम करते हैं। बुरे वक़्त में आप सभी दृढ़ता से मेरे साथ रहे हैं। ऐसा परिवार मिलना मेरे लिए सौभाग्य की बात है।'

बहू की बातें सुनकर ससुरालवालों को बहुत अच्छा लगा। उन्हें पहली बार पता चला कि हमारे घर की बहू हमें पसंद करती है। इससे हमें समझ मिलती है कि हम जो महसूस करते हैं, उसे बता पाना कितना ज़रूरी है। वैसे आप अपने परिवार के सदस्यों के बारे में क्या महसूस करते हैं? क्या आपने उन्हें यह बताया है?

अध्याय 5

क्या पहला प्रेम टूटना शुभ है

कुदरत का तरीक़ा समझें

प्रेम को हटा दो तो हमारी धरती कब्रिस्तान है।

– **रॉबर्ट ब्राउनिंग**

इंसान प्रेम में क्यों पड़ता है? इंसान की मूल चाहता क्या है? क्या वाकई प्रेम की असफलता पर आत्महत्या (शरीरहत्या) करने की आवश्यकता है?

इन सभी सवालों का जवाब है 'आपके बचपन की मूल चाहत'। क्यों, यकीन नहीं होता? आइए अपनी मूल चाहत को समझें और नकली प्रेम के दलदल में फँसकर कोई भी गलत क़दम उठाने से बचें।

प्रेम नियम का ज्ञान न होने के कारण लोग हरेक से प्रेम व ध्यान चाहते हैं। दरअसल बचपन की मूल चाहत उनसे यह करवाती है। वे चाहते हैं कि लोग जानें कि वे बच्चे नहीं रहे... बड़े हो गए हैं। वे चाहते हैं कि लोग जानें कि उनका भी अस्तित्त्व है। दरअसल ऐसे लोगों के अंदर का बच्चा बड़ा नहीं हुआ होता, वह अभी भी वही बच्चा होता है जो स्वयं को सर्वशक्तिमान समझता है।

छोटा बच्चा स्वयं को और माँ को अलग नहीं समझता। वह समझता

है कि 'माँ मैं ही हूँ।' बच्चा जब छोटा होता है तब उसे लगता है कि 'मैं सर्वशक्तिमान हूँ।' क्योंकि जैसे ही वह दूध माँगता है वह उसके सामने आ जाता है... कोई खिलौना माँगता है वह उसे मिल जाता है... उसके माँ-बाप हमेशा उसके साथ रहते हैं। वह असलियत समझ नहीं पाता और अपने अंदर काल्पनिक चित्र बन लेता है कि वह सर्वशक्तिमान है।

फिर जब वह बड़ा होता है तो उसका भम्र टूटता है। उसे समझ में आता है कि 'मैं संपूर्ण शक्तिशाली नहीं हूँ, यह केवल मेरा भम्र था।' यह समझ मि लने पर उसे तकलीफ़ होती है। काफ़ी समय तक तो वह बहुत परेशान रहता है।

जैसे-जैसे वह बड़ा होता जाता है, वैसे-वैसे वह अपनी शक्ति को कम होता हुआ देखता है। उसे समझ में आने लगता है कि कभी-कभी मेरी माँगे पूरी नहीं होती, माता-पिता को मेरे लिए कष्ट करने पड़ते हैं तब जाकर उसकी इच्छाएँ पूरी होती है। धीरे-धीरे बहुत सारी सच्चाइयाँ उसके सामने खुलने लगती हैं।

टीनएज में आकर वह स्वयं को 'शक्तिशाली' से 'शक्तिहीन' की अवस्था में पाता है। उसे लगता है कि उसकी सारी शक्ति ख़त्म हो चुकी है... वह अपनी माँ को भी स्वयं से बहुत दूर महसूस करता है।

एक समय आता है जब उसमें मैच्युरिटी (परिपक्वता) आती है कि 'अब मुझे स्वयं पर आत्मअनुशासन लाना है, यह मेरी ज़िम्मेदारी है।' फिर उसके जीवन का एक नया दौर शुरू होता है, दोबारा 'सर्वशक्तिमान' बनने का। असल में खोज वही है, जो बचपन में पाया था उसी को पाने की इच्छा है।

'सर्वशक्तिमान' बनने के लिए उसे लगता है कि वह लोगों को दिखाए कि 'मैं भी कुछ हूँ।' वह चाहता है कि उसका अपना अस्तित्त्व हो।

टीनएज एक ऐसा दौर होता है, जहाँ लोग उसे न बच्चा समझते हैं और न ही बड़ा ज़िम्मेदार इंसान। इस दौर में वह चाहता है कि लोग उसे बड़ा समझें। उसकी यह इच्छा आसानी से पूरी होती है 'नकली प्रेम' में पड़कर।

उसकी मूल चाहत 'प्रेम' पाने की है। मगर उसमें जो 'अपना अस्तित्त्व' कायम करने की भावना होती है, वह उसे अपनी मूल चाहत से दूर ले जाती है और दलदल में धकेल देती है।

इंसान जब प्रेम में पड़ता है तब उसे पहली बार महसूस होता है कि 'दुनिया में मेरा भी अस्तित्त्व है।' चाहे उसका प्रेम असफल हो तब भी उसमें यह भावना होती है कि 'मैंने अपनी एन्ट्री लोगों के बीच दर्ज करवा ली।' वरना दोस्त उसे कहते हैं कि 'तुम्हारा कोई अफ़ेयर नहीं है... तुम्हारी कोई कहानी नहीं है... तुम्हारा कोई वजूद नहीं है... तुम हो कि नहीं दुनिया में।' लोग अकसर उसे कहते हैं, 'तू तो बच्चा है... तू छोटा है... तुझे कुछ समझ में नहीं आएगा।' फिर जब उसका अफ़ेयर होता है और टूटता है तब वह लोगों की नज़र में आता है। लोग समझते हैं कि 'हाँ, यह भी कुछ है... इसने भी जीवन में कुछ किया है।' फिर उसे लगता है कि 'अब मेरी उपस्थिति भी दर्ज हो गई... मैं भी दुनिया में शामिल हो गया।'

हालाँकि सुस्त से सुस्त इंसान भी प्रेम में पड़ सकता है क्योंकि उसके लिए किसी विशेष गुण की आवश्यकता नहीं है। परंतु लोगों को यह सबसे आसान तरीक़ा मिल गया है दुनिया में अपना अस्तित्त्व दर्ज करवाने का। इस रास्ते में बिना स्वयं में अनुशासन लाए... बिना कुछ विशेष किए आपका अस्तित्त्व लोगों को दिखाई देता है, इसलिए लोग इस आसान रास्ते पर चल देते हैं।

पहले प्रेम में दुःख का कारण

लोगों को लगता है कि उनका पहला प्यार ही सच्चा प्यार है। जबकि बात केवल यह होती है कि उन्हें पहली बार कोई नया अनुभव हो रहा होता है। वे पहली बार कुछ अलग महसूस करते हैं। इसी अलग लगने को वे सच्चा प्रेम समझ बैठते हैं।

दरअसल टीनएज में बच्चा अपनी पहचान की खोज कर रहा होता है। स्वयं को समझने के लिए वह अलग-अलग रिश्ते बनाता है। रिश्ते आइने का काम करते हैं। वह ख़ुद को पहचानते-पहचानते दूसरों को गलत समझ लेता है। ऐसे में उसके लिए सामनेवाले को समझना मुश्किल होता है। इसलिए अकसर लोग पहले प्रेम में पड़ते वक़्त सच्चा प्रेम पहचान नहीं पाते। इसी ग़लती के कारण अकसर लोगों का पहला प्रेम टूट जाता है, वह सच्चा प्रेम नहीं बन पाता।

समझ न होने के कारण लोगों का पहला प्रेम जब टूट जाता है तब

वे हताश होते हैं। उन्हें यह समझना आवश्यक है कि पहले प्रेम का टूटना अशुभ नहीं है क्योंकि यही आपको सच्चे प्रेम की तरफ ले जाता है। कुछ लोग यह समझ नहीं पाते और वे कई बार आत्महत्या कर लेते हैं।

पहले प्रेम को पाकर लोगों की बचपन की चाहत पूर्ण होती है। बचपन में उन्हें लगता है कि धीरे-धीरे माँ उनसे दूर होती जा रही है क्योंकि अब माँ उन्हें अपने काम ख़ुद करने के लिए कहती है तो उन्हें वह दूर होती नज़र आती है। बचपन में माँ का प्रेम खो दिया, फिर बड़े होकर प्रेमी या प्रेमिका से वही प्रेम प्राप्त हुआ। उसमें असफला आई तो उन्हें वह प्रेम फिर से जाता हुआ नज़र आता है। अज्ञान है तो लोग उस भावना के कारण दुःखी होते हैं। मगर समझें कि यह प्रेम आपको सच्चे प्रेम की पहचान करवाने के लिए आया था।

प्रेम की भावना लोगों में पनपती क्यों है? दरअसल यह कुदरत द्वारा रचा गया खेल है। कुदरत चाहती है कि इंसान के वंश का विस्तार हो, मनुष्य जाति पृथ्वी से ख़त्म न हो जाए, नए बच्चे पैदा होते रहें। परंतु लोग प्रेम की भ्रमित कल्पनाओं में जीते हैं और कुछ शरीरहत्या तक कर लेते हैं।

अब कुदरत के खेल को समझकर अपनी प्रेम भावना को सही दिशा दें और अपने प्रेम को परखना सीखें।

प्रेम नियम को जीवन में उतारने के लिए क्या आप यह कर पाएँगे?

एक बार ऐसा हुआ कि एक सज्जन की अपने किसी ग्राहक के साथ पैसे के भुगतान के संबंध में कुछ अनबन हो गई। वे उस ग्राहक पर बेहद नाराज़ हो गए। उन्हीं दिनों ग्राहक की शादी की सालगिरह थी। कई साल से ये सज्जन उस ग्राहक की शादी की सालगिरह पर उन्हें ग्रीटिंग भेजते आ रहे थे। समय पर पेमेंट न करने के कारण ग्राहक के साथ रिश्ते में दरार आ गई। पैसे के लिए बार-बार रिमाइंडर भेजे जा रहे थे, फिर भी वे पैसों का भुगतान नहीं कर रहे थे। अतः नाराज़गी में सज्जन ने ग्राहक को इस बार ग्रीटिंग या फूलों का गुलदस्ता नहीं भेजा। दूसरे दिन सुबह वे जैसे ही वे सज्जन अपने कार्यालय में पहुँचे तो ग्राहक अपनी पत्नी समेत उनके सामने आ खड़े हुए। उन्होंने चेक सामने रखा और कहा कि 'जो धनराशि आप चेक में भरना चाहते हैं, भर सकते हैं लेकिन इसकी वजह से ग्रीटिंग भेजना बंद न करें। कल रात तक हमने आपके ग्रीटिंग का इंतज़ार किया। आपने ग्रीटिंग क्यों नहीं भेजा? इतने साल से आप हमारी शादी की सालगिरह पर ग्रीटिंग भेजते आए हैं तो इस साल क्यों नहीं भेजा? पैसे की वजह से पुनः ऐसा कभी मत कीजिएगा।' इतना कहकर ग्राहक ने रोना शुरू कर दिया। उनका रोना देखकर वे सज्जन भी रोने लगे। उन्हें अपनी ग़लती का एहसास हुआ। कार्यालय के कर्मचारी दोनों को रोते हुए देखने लगे। सोचिए, कैसा दृश्य होगा! एक इंसान कहता है कि 'तुम जो चाहे पेमेंट ले लो लेकिन दोबारा कभी ऐसा नहीं करना। हमारे प्यार के बीच में पैसों को आने मत देना।' इस घटना के बाद चाहे कुछ भी हो जाए, वे सज्जन हर एक को ग्रीटिंग भेजते ही हैं। इससे आपने समझा कि एक ग्रीटिंग भेजना भी रिश्तों में प्रेम को बरकरार रखने का कितना सुंदर तरीक़ा है।

खण्ड 2

सच या प्रेम का फ़ोटो

फ़्रेम में अटका प्रेम

प्रेम नियम वाक्य

'जो देने से मिले, लेने से घटे।
जो बिन फ़्रेम प्रेम है,
वही प्रेम नियम है।'

अध्याय 6

क्या आपके पास प्रेम है या केवल उसका फ़ोटो है

प्रेम के पैकेट खोलकर नए बन जाएँ

जो हृदय से प्रेम करता है, वह हमेशा युवा रहता है।

– अज्ञात

एक इंसान अपने दिनभर के काम निपटाने के लिए घर से निकल रहा था। उसका अपना एक बेटा था। उसने घर से निकलते समय अपने बेटे को अपने मंदमति पड़ोसी के पास सँभालने के लिए सौंप दिया और बेटे का फ़ोटो साथ में लेकर वह निकल पड़ा।

सबसे पहले वह बैंक पहुँचा। काउंटर पर उसने अपने बेटे का फोटो दिखाया, तब हमेशा सख्ती से पेश आनेवाले क्लर्क ने उसका हँसकर स्वागत किया। फिर वह अपने ऑफ़िस पहुँचा। वहाँ उसने बेटे का फोटो अपने बॉस को दिखाया, तब हमेशा गुस्से में रहनेवाला बॉस उससे हँसकर बातचीत करने लगा। उसे सदा विवाद में उलझानेवाले उसके सहकर्मचारी भी उसकी सहायता के लिए सजग हुए। ऑफ़िस से घर जाते समय जब वह सब्ज़ी लेने पहुँचा तो सब्ज़ीवाले को भी अपने बेटे का फ़ोटो दिखाया। तब

सब्ज़ीवाले ने उसे हमेशा से बेहतर सब्ज़ी दी। दिनभर अलग-अलग लोगों ने उस इंसान की जिस तरह मदद की थी, उसे लेकर वह बहुत ख़ुश था।

इस तरह दिनभर में उसने जिन-जिन लोगों को अपने बेटे का फ़ोटो दिखाया, वे सब उससे बड़े अच्छे से पेश आए। कई लोगों ने उसकी सलाह ली, कई लोगों ने उसकी मदद की। घर लौटकर जब वह अपने बेटे को लेने मंदमति पड़ोसी के यहाँ पहुँचा तो उसने देखा कि पड़ोसी की अवस्था में काफ़ी सुधार था। अब वह मंदमति नहीं रहा था लेकिन बेटा बीमार हो गया था! अपनी ख़ुशी में मग्न वह अपने बेटे को लेकर घर पहुँचा और उसने ठान लिया कि अब वह अपने बेटे का फ़ोटो हमेशा अपने साथ ही रखेगा।

आप सोच में पड़ गए होंगे कि आख़िर कौन था वह बेटा? क्या नाम था उसका? बेटे का काम और नाम एक ही था, 'प्रेम'।

दरअसल वह इंसान हम ही हैं। हम प्रेम नहीं बल्कि प्रेम का फ़ोटो साथ लेकर घूम रहे हैं। अर्थात नकली प्रेम को साथ लेकर घूम रहे हैं।

असली प्रेम को वह इंसान किसी मंदमति के पास छोड़ आया था। असली प्रेम में ऐसी शक्ति होती है कि वह मंदमति में भी सुधार ला सका। वह इंसान जो नकली प्रेम (फ़ोटो) साथ लेकर घूम रहा था, उससे भी उसे काफ़ी लाभ हुए। लेकिन क्या वे लाभ सही थे? क्योंकि उसने स्वार्थ के लिए, अपने काम निपटाने के लिए प्रेम का उपयोग किया। तो क्या हम उसे प्रेम कह सकते हैं? कतई नहीं! वह तो स्वार्थ, लोभ, मोह और कपट का मिश्रण हुआ। ऐसा प्रेम जताना न केवल औरों को बल्कि अपने आपको भी ठगना है।

संसार के माया (बाज़ार) में उस इंसान का नकली प्रेम माया को ही बढ़ावा दे रहा था। ऐसे दिखावटी प्रेम से होनेवाले लाभ भी दिखावटी होते हैं, तात्कालिक होते हैं। अगर वह असली प्रेम को साथ रखता तो कितना लाभ होता? और जो भी लाभ होता, वह हमेशा के लिए होता।

कहने के लिए तो लड़का-लड़की एक-दूसरे से कहते हैं, 'हम एक-दूसरे से प्रेम करते हैं।' फिर शादी करते हैं, मगर फ़ोटो दिखाकर शादी करते हैं। हकीकत में हरेक को ख़ुद को पूछना चाहिए, 'क्या मैं सच्चा प्रेम कर रहा/रही हूँ?' इस प्रेम के पीछे क्या है? शादियाँ होती हैं

तो क्या देखकर होती हैं? क्या वे सच्चे प्रेम से होती हैं? लड़का, लड़की अगर आपस में यह कहें, 'हम एक-दूसरे को प्यार करते हैं मगर सच्चा प्यार करना चाहते हैं' क्योंकि अभी मालूम ही कहाँ है कि सच्चा प्यार क्या होता है? तो रिश्ते असली प्रेम को जानने के लिए सही तरीक़े से निमित्त बन पाएँगे। हमने तो प्रेम की कल्पनाएँ करके रखी हैं, सच्चा प्रेम तो हमें मालूम नहीं है। हम प्रेम का फ़ोटो लेकर घूम रहे हैं। पहले इस बात को स्वीकार करना पड़ेगा। सच्चे प्रेम को जानने के लिए प्रेम का गुण स्वयं में लाना होता है। ईश्वर ने जीवन दे दिया मगर अब हमें अपने जीवन में प्रेम के गुण को लाना है।

'हम प्रेम करते हैं मगर हम सच्चा प्रेम करना चाहते हैं, इसलिए साथ-साथ चलेंगे और आज नहीं तो कल हम असली प्रेम को जान जाएँगे।' अगर इस समझ के साथ रिश्ते जुड़ेंगे तो असली प्रेम को जानने के लिए ये ही रिश्ते अच्छे निमित्त बन पाएँगे।

प्रेम के फ़ोटो को असली प्रेम समझने की ग़लती होती है तो इंसान दुःखी रहता है। वह कहता है, 'मैं तो प्यार करता ही हूँ, वह ऐसा करती है इसलिए झगड़ा हो गया... इसलिए तलाक हो गया... इसलिए रिश्ता टूट गया।' जब तक इंसान को यह स्वीकार नहीं होगा कि हम प्रेम के फ़ोटो को असली प्रेम समझ रहे थे, तब तक वह दुःखी रहेगा। पहले ख़ुद से पूछें कि 'सचमुच वह प्यार था या कुछ और था? कहीं इसमें मिलनेवाली सुख-सुविधा, वासना, ऐसी कुछ बातों को तो प्यार नहीं समझ लिया था?'

समस्या तो यह है कि हम प्रेम की असलियत और नकलियत ही नहीं जान पाते। असली प्रेम मन के किसी कोने में पड़े-पड़े बीमार हो जाता है, उसकी शक्ति धीरे-धीरे क्षीण होती जाती है और इंसान मिलावटी, दिखावटी, नकली प्रेम में ही उलझता चला जाता है। फलतः वह तेजप्रेम से दूर जाने लगता है। इसलिए प्रेम के विषय में सालों से पली-बढ़ी मान्यताओं को हटाकर प्रेम की सच्चाई समझनी आवश्यक है।

प्रेम के अनेक आयाम

हकीकत में तो प्रेम के और भी कई आयाम हैं। आपका मित्र किसी बात पर आपकी आलोचना भी करता है तो वह आपके अंदर सुधार लाने के

लिए है। यह उसका प्रेम है। उस आलोचना, व्यंग के पीछे छिपे प्रेम को इंसान समझ नहीं पाता मगर वह प्रेम है। इंसान के साथ यही विडंबना है, उसे जो प्रेम लगता था वह प्रेम होता नहीं है, जो प्रेम है वह उसे लगता नहीं है। माँ–बाप अपने बच्चे को या गुरु अपने शिष्य को सुधारने के लिए, उसकी मूर्खता मिटाने के लिए डाँटने या क्रोध करने का नाटक करते हैं तो वह प्रेम है। लोग उस क्रोध के पीछे छिपे प्रेम को समझ नहीं पाते।

प्रेम के आयामों को समझें परंतु कोई भी स्टैम्पिंग न करें कि प्रेम में ऐसा करना ही प्रेम है या ऐसा नहीं करना प्रेम है। प्रेम के पीछे भावना क्या है? प्रेम का कानून क्या है? यह समझेंगे तो आप सही प्रेम को बिन फ्रेम जान पाएँगे। अब 'बिन फ्रेम' का अर्थ समझ लें।

प्रेम में पैकेट कैसे बनते हैं

प्रेम पर फ्रेम यानी हमारे द्वारा बनाए गए पैकेट्स। अब पैकेट का अर्थ समझें। हम कोई भी अनुभव जब पहली बार लेते हैं तो उसका एक पैकेट बनाकर मन की जेब में रखते हैं। इस तरह जो भी अनुभव हमें मिलता है उसका हम पैकेट बनाने लगते हैं। अब दूसरी बार जब वही अनुभव मिलता है तो पहलेवाला पैकेट खुल जाता है। फिर दूसरी बार मिल रहे अनुभव को पहले अनुभव से तोला जाता है। इस तरह वर्तमान में मिल रहे अनुभव को हम खो देते हैं और अनुमानों में उलझते रहते हैं। इसे एक उदाहरण से समझें क्योंकि यह बहुत गहरी बात है।

क्या आपने कभी गुलाबजामुन या रसगुल्ला खाकर चाय पी है? यदि हाँ तो क्या अनुभव आता है? चाय फीकी लगती है। ऐसा इसलिए होता है क्योंकि मीठी चीज़ खाने के बाद ज़बान पर एक पैकेट बन जाता है। ऊपर से जब मीठी चाय पी जाती है तो पहले के पैकेट खुल जाते हैं। पहले मीठा खाया है तो ज़बान पर पहलेवाला अनुभव रहता है। अब चाय का नया अनुभव फीका लगता है। तो क्या चाय फीकी है? नहीं, मगर हमें लगा कि फीकी है। ठीक यही हमारे अनुभव के साथ होता है। इसलिए ज़रूरी है कि पहलेवाले पैकेट को पहले साफ किया जाए। चाय पीने से पहले कुछ फीका खाया जाए तो चाय फिर मीठी लगने लगती है।

इससे समझ यह मिलती है कि हमें प्रेम का अनुभव जब पहली बार

मिलता है तो हम कोरे कागज़ के समान होते हैं। हमारे मन में उसके कोई पूर्वानुमान नहीं होते इसलिए मन को बहुत आनंद मिलता है। मगर दूसरी बार जब हमें फिर वही अनुभव मिल रहा होता है तो मन अपने पैकेट्स खोल-खोलकर तुलना कर रहा होता है। जिससे प्रेम मिलने का आनंद खो जाता है और इंसान निराश हो जाता है। अगली बार जब हम फिर उस इंसान के सामने जाते हैं जिससे हम प्रेम की अपेक्षा करते हैं तो हमें लगता है अब हमें पहले जैसा ही अनुभव मिलना चाहिए। यदि वैसा अनुभव नहीं मिलता है तो लगता है कि वह इंसान बदल गया, वैसा नहीं रहा, प्रेम-प्रेम नहीं रहा, दोस्त-दोस्त न रहा क्योंकि पैकेट बीच में आ गया।

फ़र्स्ट इम्प्रेशन ही लास्ट इम्प्रेशन है। यानी पहला इम्प्रेशन ही काम करता है। कोई इंसान आपसे पहली मुलाकात में बहुत अच्छे से बात करता है तो आप कहते हैं कि 'यह अच्छा इंसान है।' और यदि पहली मुलाकात में कोई आपसे ठीक से बात नहीं करता तो आपको लगता है, यह इंसान बुरा है। पहले इम्प्रेशन में जो पैकेट बनता है, उसका प्रभाव बहुत ज़्यादा होता है। समझ मिलने के बाद अब भले ही पैकेट बने मगर अगली बार फिर से वैसी घटना होने पर, बने हुए पैकेट का इस्तेमाल न करें।

यदि आपसे सवाल पूछा जाए कि जब आप छोटे थे, बच्चे थे तब जो दीवाली मनाते थे वह ज़्यादा अच्छी थी या अभी जो मनाते हैं वह ज़्यादा अच्छी है? सब यही कहेंगे कि 'पहलेवाले त्योहार अच्छे थे।' क्योंकि उस वक़्त आप छोटे थे इसलिए कोई पैकेट नहीं था। मगर अभी तो मालूम है दीवाली, होली में क्या होता है इसलिए इंसान बुझा-बुझा सा त्योहार मनाता है। उलटा त्योहार के दिन ज़्यादा झगड़े करके आता है, बाकी दिनों में थोड़ा ख़ुश रहता है।

अब आपको एक नया प्रयोग शुरू करना है। सुबह नींद से जागते ही जब आपको चिड़ियों की आवाज़ सुनाई देगी तब यह कहना है, 'मैं पहली बार यह चिड़ियों की आवाज़ सुन रहा/रही हूँ।' तब आपको आश्चर्य होगा कि यह आवाज़ इतनी मधुर है, इतनी अच्छी लगती है क्योंकि हमने पैकेट्स (फ्रेम्स) की वजह से उसे कभी का सुनना बंद कर दिया था। पैकेट की वजह से लोगों ने नए ढंग से सुनना बंद कर दिया है।

इंसान भूतकाल में ही जी रहा है। प्रेम को उस भूतकाल से बचाना है।

प्रेम, बिन फ्रेम। जिस भी इंसान से मिलें तो सोचें कि मैं पहली बार मिल रहा हूँ। क्योंकि इस विचार की वजह से आप उस इंसान के अंदर आज जो परिवर्तन है, वह देख पाएँगे। वरना आप पुराने चश्मे से ही देखेंगे, 'मुझे मालूम है यह ऐसा इंसान है, यह ऐसा करता है।' हो सकता है शायद वह इंसान बदल गया हो, हो सकता है वह शिविर करके आया हो। आपको कहाँ पता है कि एक दिन में कायापलट होती है मगर आप उसी पुराने चश्मे से ही देखते हैं। अब पैकेट को इस्तेमाल करना बंद कर दें। चाय का उदाहरण यह याद रखने में आपकी मदद करेगा।

अकसर कहा जाता रहा है कि पहला प्यार कभी भुलाया नहीं जाता। बात तो सही है क्योंकि पहला प्यार जब होता है तब उस वक़्त प्यार का न तो इंतज़ार होता है, न उसके बारे में मन में कोई कल्पना होती है। मन बिलकुल खाली होता है इसलिए इंसान उस प्यार का अनुभव शुद्ध बोध से कर सकता है, उसका आनंद ले सकता है। जब प्रेम के बारे में कल्पनाएँ आकार लेने लगती हैं, प्रमाण बनने लगते हैं, तब वह प्यार खो जाता है। पूर्व धारणा (पैकेट) प्रेम के बीच आने लगती है। फिर इंसान प्रेम की एक परिभाषा बनाकर अपने उन्हीं प्रमाणों, कल्पनाओं का पैकेट लेकर प्रेम की खोज करता रहता है और अपने प्रमाण के अनुसार प्रेम न पाने पर निराश हो जाता है। उसे लगता है कि जिससे प्रेम किया वह इंसान ही ग़लत था और वह प्रेम के लिए दूसरा इंसान ढूँढ़ने लगता है। हर एक रिश्ते को वह अपनी परिभाषाओं में बाँधना चाहता है, और वहीं पर सबसे बड़ी ग़लती कर बैठता है।

दरअसल सच्चा प्रेम खो जाने के बाद उसमें लेन-देन चलने लगता है। प्रेमी से कुछ उम्मीद रखी जाती है और वह पूरी नहीं होती तब लगता है कि 'हमने ग़लत इंसान से प्रेम किया। वह तो मेरी बात मानता ही नहीं, मुझे जो चाहिए वह देता ही नहीं तो यह कैसा प्रेम?' फिर इंसान प्रेम के लिए किसी दूसरे इंसान को ढूँढ़ लेता है। उस प्रेम में भी यही होता है और तब इंसान तीसरे इंसान से प्रेम करने लगता है। इस तरह वह अपने प्रेम को सफल बनाने की कोशिश में, इंसानों को बदलता रहता है, रिश्तों को बदलता रहता है। अर्थात स्वयं को बदलने के बजाय वह बाहरी चीज़ें बदलता रहता है। फलतः सच्चे प्रेम की झलक फिर से पाने के लिए वह

अंत तक तरसता रहता है क्योंकि वह उस पहली झलक को प्रमाण बना लेता है। मानो, उस झलक का पैकेट (पूर्व अनुभव) जेब में लिए घूमता रहता है। फिर प्रेम के हर एक अनुभव की तुलना उस पहली झलक से करता है। पहली बार तो ऐसा कोई प्रमाण उसके पास नहीं था, मन की जेब खाली थी, मन समर्पित था, इसलिए वह सच्चे प्रेम का अनुभव करने की क्षमता रखता था। परंतु अब वह पहलेवाले अनुभव को फिर से पाना चाहता है इसलिए नए अनुभव नहीं ले पाता।

भूत-भविष्य से मुक्त होकर वर्तमान में जीएँ

इंसान पुराने पैकेट्स की वजह से कितना सिकुड़ गया है, यह पैकेट फ्रेम है। यह फ्रेम हटाए, नया, तेज, ताज़ा, फ्रेश देखें, नित नया नूतन। वर्तमान में जो है उसे देखेंगे तो आपको आश्चर्य होगा कि जीवन कितना सुंदर है! चिड़ियों की आवाज़ भी ऐसे सुनें जैसे पहली बार सुन रहे हैं और आनंद लें। अब स्वयं से कहें, 'एक ही बात मालूम है कि मुझे कुछ मालूम नहीं है।' बीच में कोई पैकेट नहीं आएगा तो आप सभी चीज़ों का आनंद ले पाएँगे। फिर फ्रेम को तोड़कर सच्चा प्रेम बाहर आएगा, उभरेगा, खुलेगा, खिलेगा।

इस समझ के आधार पर अब आप किसी से मिले तो उसके भूतकाल को न देखें। यह जान लें कि उसका वर्तमान क्या है। वह जैसा है वैसे उसे स्वीकार करें, अपनी धारणाओं से उसके बारे में कोई अनुमान न लगाएँ। अपने मन को बस शांत रखें क्योंकि ऐसे शांत मन में ही सच्चे प्रेम का प्रवेश होता है।

भूतकाल में जो हो चुका है, उसी को भविष्य में दोहराने की इच्छा या डर रखना ग़लत है। किसी रिश्ते में पहली बार कोई उपहार मिला हो तो यह इच्छा न करें कि हर बार आपको उसी प्रकार का कोई उपहार प्राप्त हो। पहली बार अगर किसी रिश्ते में धोखा हुआ हो तो यह डर न रखें कि हर बार आपको धोखा ही मिलेगा। पहला अनुभव तो भूतकाल की पूँजी (राख) है, उसे भविष्य में लगाने की भूल कभी न करें। हर पल, हर क्षण केवल वर्तमान में रहें। भूत का भूत और भविष्य की कल्पना को मन से निकालकर वर्तमान में रहें। जो था उसे भूल जाएँ, जो है उसे देखें। बासी यादें मिटा दें। मन को ताज़ा रखकर, ताज़गी का अनुभव करें।

अतः किसी भाव की कोई झलक पाई, कोई अनुभव किया तो उसे वहीं पर छोड़कर आगे चलें, उसका बोझ साथ में लिए न घूमें। हलके रहें, खाली रहें और अगले अनुभव के लिए तैयार रहें। माँ–बाप, भाई–बहन, पति–पत्नी, दोस्त, सहकर्मी, गुरु–शिष्य सभी रिश्तों की अपनी–अपनी सुंदरता होती है। उस सुंदरता का अनुभव करना हो तो रिश्तों को किसी भी परिभाषा में, प्रमाणों में बाँधकर रखने के बजाय उन्हें मुक्त रखें। रिश्ते–नाते वृक्ष के समान होते हैं, अगर उन्हें आप बंद जगह पर रखते हैं तो वे मर जाते हैं, किंतु खुली जगह में वे फलते–फूलते हैं। इसलिए रिश्तों को ग़लत मान्यताओं, कल्पनाओं, कथाओं की कैद से मुक्त रखें। उन्हें वर्तमान में फलने–फूलने दें।

प्रेम नियम को जीवन में उतारने के लिए क्या आप यह कर पाएँगे?

एक शिक्षक थे। उनकी कक्षा के एक विद्यार्थी ने बताया कि सात साल पहले उसने किसी को बहुत मारा-पीटा था। जिसे उसने मारा-पीटा था, उससे सात साल से उसकी बातचीत भी बंद थी। प्रेम नियम को जानने पर एक दिन उसे अपनी ग़लती का एहसास हुआ और उसने घर जाकर उस रिश्ते में बनी दीवार को तोड़ने का प्रयास किया। उसने कहा 'मुझसे ग़लती हुई, मुझे ऐसा नहीं करना चाहिए था। तुम अब इस बात को अपने मन से निकाल दो। मैं अपने किए पर शर्मिंदा हूँ।' उसने बताया कि जिस इंसान से उसने रिश्ते में बनी दीवार को तोड़ने का प्रयास किया, उसके साथ वह एक ही घर में सात साल रहता आया था। सात साल से वह उससे बात तक नहीं करता था। वह और कोई नहीं उसका छोटा भाई था। शिक्षक उसके बरताव से बहुत प्रभावित हुए। इसलिए उन्होंने यह उदाहरण दूसरी कक्षा में बताया। उदाहरण बताने के बाद सभी लोग शांत रहे। तब एक लड़का अचानक उठ खड़ा हुआ। उसने कहा, 'टीचर, उस लड़के का छोटा भाई और कोई नहीं मैं ही हूँ। मेरे बड़े भाई ने ही मुझे मारा था और सात साल तक हमारी, बातचीत बंद थी मगर अब हम दोनों बहुत प्रेम-प्यार से रहते हैं।

सोचिए कि सात साल का समय कितना लंबा समय है। इतने लंबे अरसे तक वे एक-दूसरे के प्रेम से वंचित रहे। कहीं हम भी किसी रिश्ते में प्रेम से वंचित जीवन तो नहीं जी रहे हैं? इन उदाहरणों से सबक सीखें और तुरंत योग्य क़दम उठाएँ।

रिश्तों में काँच की दीवार टूटते ही उसकी आवाज़ आपको सुनाई देती है। यह आवाज़ आँसुओं, हँसी या आनंदोत्सव द्वारा प्रकट होती है।

अध्याय 7

आपका प्रेम किस फ़्रेम में अटका है

प्रेम की ग़लत मान्यताएँ

सच्चे प्रेम में आप सामनेवाले की भलाई हासिल करना चाहते हैं। रोमांटिक प्रेम में आप सामनेवाले को हासिल करना चाहते हैं।

– मार्गरेट ऐंडरसन

बचपन से आप प्रेम के बारे बहुत कुछ सुनते आए हैं। कुछ बातें माता-पिता से तो कुछ भाई-बहनों से। कुछ मित्रों से तो कुछ टी.वी. और सिनेमा से। इतने सारे माध्यमों द्वारा प्रेम पर की गई टिप्पणियों से इंसान के मन में कुछ धारणाएँ बैठ जाती हैं। इन मान्यताओं और कल्पनाओं के फ़्रेम में उलझा इंसान प्रेम नियम को समझ नहीं पाता और कई बार अपना नुकसान कर बैठता है। आइए, इन सुनी-सुनाई मान्यताओं पर गौर करें और जानें इनमें कितना तथ्य है –

प्यार अंधा होता है।

कहा जाता है कि प्रेम अंधा होता है क्योंकि प्रेम में इंसान बुद्धि से निकलकर हृदय पर आ जाता है। वह जब बुद्धि से निकल जाता है तब उसकी क्रियाएँ

रफ़्तार से होने लगती हैं यानी उसका सोचना कम होता जाता है और क्रियाएँ बढ़ जाती हैं। प्रेम में बुद्धि का हिसाब-किताब बंद हो जाता है इसलिए कहा जाता है कि 'प्रेम अंधा होता है।'

प्रेम के लिए जड़ी गई इस मान्यता के दो मुख्य विभाजन हैं। एक है, इंसान का इंसान से प्रेम, जिसे अँधा प्रेम भी कहा जा सकता है और दूसरा है, इंसान का ईश्वर से प्रेम, जिसे भक्ति भी कहा जा सकता है।

पहले तरह के प्रेम के लिए जब यह मान्यता जड़ी गई तब इसका अर्थ यही था कि पहली बार प्रेम का अनुभव मिलने पर, उसकी पहली झलक मिलने पर इंसान अपने भावनाओं के चश्मे से सोचने लगता है। वह अपनी बुद्धि को परे रख देता है। अन्य लोगों को उस इंसान के निर्णय और क्रियाएँ तार्किक नहीं लगतीं। उन्हें लगता है कि यह बुद्धि से क्यों नहीं सोच रहा? इसलिए वे इसे प्रेम में अंधा होना कहते हैं।

प्रेम मत करो क्योंकि प्रेम में त्याग करना पड़ता है।

कई लोग सोचते हैं कि प्रेम में त्याग करना ज़रूरी है, मगर प्रेम में कुछ करना नहीं पड़ता बल्कि त्याग हो जाता है। प्रेम में जब कोई त्याग करता है तो करनेवाले को वह त्याग नहीं लगता बल्कि उसके द्वारा जो क्रिया सहजता से होती है, वह उसके लिए धन्यवाद देता है। जैसे आपने कोई व्यंजन बनाया और सामनेवाले ने वह खाया तो उसके लिए आप धन्यवाद देते हैं। उसी तरह त्याग किया यानी कुछ दिया, जिसके लिए आपके अंदर से धन्यवाद के भाव ही उठते हैं।

किसी भी प्रेम में डर नहीं होना चाहिए

प्रेम में अकसर लोगों को डर और असुरक्षा के विचार आते हैं क्योंकि प्रेम में डर ख़बरदारी (प्रिकॉशन) की वजह से होता है। हम जिससे प्रेम करते हैं वहाँ जो डर है, वह असल में प्रेम का ही एक रूप है। माँ नहीं चाहेगी कि रास्ते पर खेलते वक़्त बच्चे का ऐक्सीडेंट हो जाए इसलिए माँ बीच-बीच में बाहर जाकर बच्चे को देखकर आती है कि बच्चा सुरक्षित है या नहीं? हकीकत में यह डर नहीं, यह इस बात की ख़बरदारी है कि कहीं पर भी बच्चे को मदद की ज़रूरत है या सँभालना है तो वह तुरंत पहुँच पाए। यही

ख़बरदारी की भावना जब बहुत ज़्यादा बढ़ जाती है और भयानक डर का रूप ले लेती है, तब वह प्रेम बच्चे को तकलीफ़ देने लगता है। ऐसे डर के चलते माँ बच्चे को बाहर खेलने देना ही नहीं चाहती। जहाँ तक ख़बरदारी लेनी है वहाँ तक डर ठीक है, वह प्रेम का हिस्सा है मगर इस भावना को भयानक रूप लेने न दें। इससे आप न केवल सामनेवाले की बल्कि अपनी भी हानि कर देते हैं।

प्रेम एक मीठा ज़हर है

कुछ लोग कहते हैं, 'प्यार एक मीठा ज़हर है।' प्रेम के लिए इस तरह की बातें इसलिए कही गई हैं क्योंकि प्रेम के विषय में लोगों की समझ कम है। दुनिया में 99% लोग नकली प्रेम में उलझे हुए हैं। ये लोग जब धोखे खाते हैं और तकलीफ़ें पाते हैं, तब इस तरह के वाक्य बनाते हैं।

प्रेम को ज़हर कहा गया, वह भी 'मीठा' क्योंकि इंसान जब प्रेम में था तब उसे प्रेम अच्छा लग रहा था, आनंद दे रहा था। मगर प्रेम में जब धोखा, बेवफाई मिली तब प्रेम उसके लिए तकलीफ़ बन गया। फिर इंसान कहने लगा कि 'प्रेम तो मीठा ज़हर निकला।' ये सभी शब्द नकली प्रेम के लिए कहे गए हैं।

जब ईश्वर के साथ प्रेम यानी तेजप्रेम होता है तब वाक्य बदल जाता है। फिर भक्त कहता है कि 'तेरे प्रेम में ज़हर भी मीठा लगने लगा है।' ऐसे भक्त का प्रेम हर कल्पना और कथा से मुक्त होता है।

प्रेम नियम को जीवन में उतारने के लिए क्या आप यह कर पाएँगे?

एक बार बेटी का अपने पिता से बहुत झगड़ा हो गया। दूसरे दिन वह किसी कार्यवश शहर से बाहर चली गई। वहाँ सारा दिन तो वह अपने काम-काज में उलझी रही पर रात को उसे पिता के साथ हुए झगड़े की याद आई। तब उसने सारी परिस्थिति पर सोच-विचार किया और अंत में उसे अपने किए पर पश्चाताप होने लगा। उसने तुरंत ही अपने पिता को फोन लगाया और सीधे कहा, 'पापा आय लव यू।' पिताजी सकते में आ गए। उनकी समझ में नहीं आया कि अचानक इसे क्या हुआ! उन्होंने पूछा, 'क्या हुआ बेटा?' लड़की ने जवाब दिया, 'पापा आय रिस्पेक्ट यू, मैं आपका आदर करती हूँ।' आप सोच सकते हैं कि उस वक़्त पिताजी की अवस्था कैसी हुई होगी। पिता का हृदय द्रवित हो उठा। उन्होंने एक लंबी साँस ली और कहा, 'बेटा जल्दी घर आना, मैं तुम्हारा इंतज़ार कर रहा हूँ।' वह लड़की चार दिनों के लिए बाहर गई थी। ज़रा सोचिए, पिता ने वे चार दिन कैसे गुज़ारे होंगे? हर पल वे सोचते होंगे कि 'मैं अपनी बेटी से कब मिलूँगा!' उनके बीच जो काँच की दीवार बन गई थी, बेटी के 'आय लव यू' कहने से वह टूट गई। बच्चे माँ-बाप को यह सोचकर अपना प्रेम नहीं जताते कि वे जानते हैं कि हम उनसे प्यार करते हैं, लेकिन उसके बावजूद भी माँ-बाप बच्चों के भाव शब्दों में सुनना चाहते हैं।

अध्याय 8

कथाओं में प्रेम को भटकने से रोकें

झूठी उम्मीदों से मुक्त प्रेम

कोई भी उस व्यक्ति से प्रेम नहीं करता, जिससे वह डरता है।

– अरस्तु

एक इंसान अपने जीवन में बहुत दुःखी और परेशान रहा करता था। इस परेशानी से मुक्त होने के लिए एक दिन वह अपने गुरु के पास पहुँचा। उसने गुरु से कहा– 'मैं अपनी पत्नी से बहुत तंग आ गया हूँ। रोज़ की किट-किट से हमारे बीच का प्रेम ख़त्म सा हो गया है। क्या इस स्थिति से बाहर आया जा सकता है?' गुरुजी ने जवाब देते हुए सवाल पूछा– 'याद करो, जब आपने उससे विवाह किया था तब उससे प्रेम किया था या नहीं?' 'किया तो था।' उस इंसान ने याद करते हुए कहा। 'फिर अब आपको उससे दिक्कत क्यों हो रही है?'

गुरुजी के सवाल का जवाब देते हुए उस इंसान ने कहा– 'मुझे लगा था कि शादी के बाद वह मेरा बहुत ध्यान रखेगी, उसकी वजह से मेरे जीवन में सुख आएगा, मगर मैं जैसा चाहता था; वैसा कुछ हुआ ही नहीं। इस कारण मैं बहुत दुःखी हूँ। मेरी पत्नी एक भी काम मेरे मन मुताबिक नहीं

करती। इतना ही नहीं, कोई भी काम वह जल्दी नहीं सीख पाती। अभी तक उसे ढंग से खाना बनाना नहीं आता है। कई बार ऐसा होता है कि ऑफ़िस में काम की व्यस्तता के कारण मैं उसका फोन नहीं उठा पाता तो इस बात को लेकर भी वह नाराज़ हो जाती है। कभी मुझे ऑफ़िस से घर आने में देर हो जाए तो बात ही नहीं करती। फिर उसे मनाने में बहुत सारा समय चला जाता है। ऊपर से तनाव आता है वह अलग। इस तरह रोज़ हमारी कुछ न कुछ अनबन होती ही है।'

गुरुजी ने कहा – 'इस तरह सोचना कि मेरी पत्नी शादी के बाद ऐसा करेगी, वैसा करेगी, केवल मानसिक कथा बनाना है। यह सोचो कि हकीकत में आपने उस स्त्री से शादी की है या अपनी कथा से? ये बातें इतनी सूक्ष्म हैं कि तुरंत प्रकाश में नहीं आतीं। इसके लिए आपको गहराई से खोज करनी होगी; तभी असलियत सामने आएगी। आज आपको अपनी कथा से इतना प्रेम हो गया है कि सामनेवाला इंसान जैसा है, आप उसे वैसा स्वीकार नहीं कर पा रहे हैं।'

अपनी बात को अच्छे तरीक़े से समझाने के मकसद से गुरुजी ने आगे बताया कि 'इंसान एक दर्ज़ी की तरह बन गया है, जो उसके दुःख का कारण है। वह दूसरों के लिए एक कोट सिलता है और चाहता है कि सामनेवाला उस कोट में फ़िट हो जाए। चाहे इसके लिए सामनेवाले को वेट (वजन) बढ़ाना पड़े या घटाना पड़े। यदि सामनेवाला ऐसा करने में सफल नहीं हुआ तो यह दर्ज़ी रूपी इंसान ज़िंदगीभर वेट करता (राह तकता) रहता है कि कब सामनेवाला इस कोट में फ़िट होगा ताकि उसे ख़ुश होने का मौका मिले। कई बार ऐसा होता है कि जो लोग उसे प्रेम करते हैं, वे उसे ख़ुश करने के लिए उसके कोट में फ़िट होने की कोशिश भी करते हैं मगर फिर भी वह कभी ख़ुश नहीं रहता क्योंकि उसे नया कोट सिलने की आदत जो पड़ चुकी है।

आज इंसान केवल इस वजह से दुःख भोग रहा है क्योंकि उसकी यह ज़िद है कि सामनेवाला इंसान मेरे काल्पनिक कोट में फ़िट हो जाए। जैसे – मेरी कल्पना अनुसार ही उठे–बैठे, बात करे, हँसे, खाए, मेरी पसंद के कपड़े पहने, मेरी ख़ुशी में ख़ुश रहे। ज़रा सोचकर देखो कि यह कैसे संभव हो सकता है? हर एक के शरीर की रचना अलग–अलग होती है, हर एक का स्वभाव अलग–अलग होता है। जैसे किसी इंसान को ख़रीददारी

करने में ख़ुशी महसूस होती हो मगर उसके साथी को यह फ़िज़ूलखर्ची लगती हो तो ऐसे में भला उसका साथी कैसे ख़ुश हो पाएगा!

लोग हर रिश्ते में तरह-तरह की मान्यकथाएँ बनाते हैं और जीवनभर दुःख भुगतते रहते हैं। जैसे सास-बहू दोनों एक-दूसरे को अपनी-अपनी मान्यकथा अनुसार देखती हैं। शादी के बाद कुछ दिनों तक दोनों प्रेम-प्यार से रहती हैं लेकिन धीरे-धीरे दोनों ही अपनी-अपनी कथाएँ बनाना शुरू कर देती हैं और इस तरह दुःख का सिलसिला शुरू हो जाता है।

हर एक सामनेवाले से उम्मीद कर रहा है कि यह ऐसा करेगा तो इसके प्रति मेरा प्रेम बढ़ेगा। हालाँकि जब सामनेवाले से आपका रिश्ता बना था तब आपको उसके प्रति प्रेम ही था। फिर धीरे-धीरे कथा बनती गई और कथा से प्रेम करने की वजह से दुःख शुरू होते गए। इस सत्य को समझते हुए अपने आपसे पूछें कि 'हम कहाँ-कहाँ अपनी कथा से प्रेम करते हैं?'

कोई यदि वाकई दुःख से मुक्त होना चाहता है तो उसे मन की रची-रचाई कथा में लोगों को फ़िट करने के बदले अपनी कथा को ही छोड़ना होगा। अर्थात अपनी ज़िद और मान्यता छोड़नी होगी तथा जो जैसा है, उसे वैसा स्वीकार कर उससे प्रेम करना होगा। यह ज़ोर-ज़बरदस्ती से नहीं बल्कि समझ के द्वारा ही हो सकता है।

ज़्यादातर परिवारों में अनबन होती रहती है। परिवार में लोग एक-दूसरे की गलतियाँ, कमियाँ निकालते रहते हैं। फिर उस इंसान के प्रति कोई कथा बनाकर उस कथा से ही प्रेम करने लगते हैं। इस तरह परिवार से प्रेम ख़त्म होने लगता है, जिससे परिवार बिखरने लगता है। परिवार में प्रेम को बरकरार रखने के लिए ज़रूरत है अपनी मान्यकथाओं से बाहर आकर रिश्तों को प्रेम से सँवारने की।

क्या आप तैयार हैं, अपने जीवन की सारी मान्यकथाओं से मुक्त होने के लिए? यदि 'हाँ' तो शिकायत नहीं बल्कि मनन करके जानें कि आपके साथ कहाँ, किस रिश्ते में दुःख का निर्माण होता है। अब नए ढंग से अपने ही विचारों की पूछताछ ईमानदारी के साथ करें, तहकीकात करें। इतने सालों से आप जिस मान्यकथा में जीते रहे हैं, उससे आपको कभी कुछ मिला नहीं है। इसलिए अब अपनी कथा इस तरह समाप्त करें कि वापस इसमें कभी न जाएँ।

नई समझ पर मनन करके उस इंसान को यह ज्ञात हुआ कि अब तक वह अपनी पत्नी से नहीं बल्कि अपनी कथा से प्रेम कर रहा था। फिर जब उसने अपनी कथा से प्रेम करना बंद कर दिया तब उसे एहसास हुआ कि 'मेरी पत्नी तो आज भी वैसी ही है, जैसे शादी से पहले थी, कभी इसी से मैंने प्रेम किया था। अब नई कथा बनाकर मैं बेकार में दुःख क्यों भुगत रहा हूँ।'

सच्चे प्रेम की समझ मिलने के बाद उस इंसान को अपनी ग़लती का एहसास हुआ और उसका कथाएँ बनाना बंद हुआ। कहीं आप भी रिश्तों में मान्यकथाएँ बनाकर दुःखी जीवन तो नहीं जी रहे हैं? यदि ऐसा है तो इस कहानी से सीख लेकर, अपनी ग़लतफ़हमियों से मुक्त होकर आपसी रिश्तों को सही संवाद और सच्चे प्रेम से सँवारें।

प्रेम नियम को जीवन में उतारने के लिए क्या आप यह कर पाएँगे?

दो दोस्त थे। एक दोस्त हमेशा काम के सिलसिले में विदेश जाया करता था। विदेश से अपने दोस्त के लिए वह कभी कोई उपहार नहीं लाता था मगर दोस्त के बेटे के लिए कुछ न कुछ तोहफ़ा ज़रूर लेकर आता था। दूसरों के मन में सद्‌भावना जगाने का यह कितना आसान तरीक़ा है। पहले दोस्त के इस व्यवहार से दूसरे दोस्त के मन में कैसी मधुर भावना उपजी होगी। अपना जो प्यारा है, उसे कोई याद रखे, यह एहसास कितना ख़ूबसूरत है। आप कहीं गए और वापस आते वक़्त अपने भाई, बहन या पड़ोसी के बेटे के लिए कोई तोहफ़ा लाए, चाहे वह तोहफ़ा छोटा ही क्यों न हो, दस रुपए या दो रुपए का ही क्यों न हो, तो भी वह आपको जीवनभर याद रखेगा क्योंकि आपने उसके प्यारे को अपना प्यारा बनाया है। ऐसा करने से आपसी रिश्ते मज़बूत बनते हैं।

अध्याय 9

प्रेम को सही संवाद का आधार दें

ग़लतफ़हमी में अटका प्रेम

बातचीत के बिना प्रेम असंभव है।

– **मॉर्टिमर एडलर**

परिवार में लोग जब एक-दूसरे को समझाने के लिए वार्तालाप करते हैं तब उसे कहते हैं, 'संवाद।' संवाद की कला न जानने की वजह से ही प्रेम के रिश्ते में बढ़ती है दरार।

इंसान के लिए (कम्युनिकेशन) न करना संभव नहीं है! वह लगातार अपने शरीर, वाणी और हाव-भाव से कुछ न कुछ संवाद कर ही रहा होता है। कुछ न कहकर भी वह कुछ कह रहा होता है। इसलिए लोगों के बीच कई बार अनजाने में ग़लतफ़हमी पैदा होती है। इंसान ग़लत संवाद (मिसकम्युनिकेशन) करके रिश्तों में सामनेवाले को ग़लत या अधूरी जानकारी देता है, जिस कारण रिश्तों में तनाव आता है। परिवार के एक सदस्य को तनाव आया हो तो वह तनाव बात करते वक़्त दूसरों को भी दे दिया जाता है। इस तरह केवल ग़लत संप्रेषण होने की वजह से कई बार रिश्तों में मनमुटाव हो जाता है।

रिश्ते–नातों में लोग अकसर एक–दूसरे की शिकायतें करते रहते हैं कि 'फ़लाँ इंसान ऐसा करता है, वह वैसा करता है' इत्यादि। जो इंसान ये सब शिकायतें सुन रहा होता है, वह तनाव में आ जाता है। फिर जब वह इंसान भविष्य में उस रिश्तेदार से मिलता है, जिसकी शिकायत उसने सुन रखी थी तो उसे गुस्सा आने लगता है। उसे वे सब नकारात्मक बातें याद आती हैं, जो उसने उस रिश्तेदार के बारे में सुन रखी थीं। जब तक उस इंसान को उस रिश्तेदार के नकारात्मक पहलुओं के बारे में मालूम नहीं था तब तक वह उससे बहुत अच्छे ढंग से बातचीत किया करता था मगर अब उसके प्रति कुछ ग़लत बातें सुनने के बाद उसके मन में क्रोध और नफ़रत की भावना जगने लगती है। अपने रिश्तेदार को देखते ही उसे सुन रखा, पुराना वार्तालाप याद आने लगता है। इस तरह एक परिवार में ग़लतफ़हमी अपना घर बनाने लगती है।

आपको अनजाने में भी इस तरह का ग़लत संवाद नहीं करना चाहिए। आपको लगता है कि आप वार्तालाप कर रहे हैं मगर वास्तव में आप शिकायत कर रहे हैं। शिकायत, दूसरे की बुराई, चुगली, परनिंदा एक आदत बन जाती है, इसे तोड़ें। शिकायतें करने और सुनने की आदत तोड़ने से रिश्ते बिगड़ेंगे नहीं और दूसरों का तनाव आप पर अपनी पकड़ जमा नहीं पाएगा।

रिश्तों में यदि तनाव बढ़ जाए तो कुछ लोग ऐसे समय में चुप बैठना पसंद करते हैं यानी मिस कम्युनिकेशन (ग़लतफ़हमी) से नो कम्युनिकेशन (वार्तालाप न करने) पर चले जाते हैं। हालाँकि उन्हें पता नहीं है कि वार्तालाप न करना भी एक प्रकार का वार्तालाप है! न बोलकर वे सामनेवाले को बता रहे हैं कि 'वे उससे नाराज़ हैं।' अब सामनेवाला बार–बार पूछ रहा है, 'क्या तुम मुझसे नाराज़ हो? क्या हो गया बताओ।' फिर न बोलनेवाला इंसान चिढ़ जाता है और ग़लत वार्तालाप कर बैठता है।

अलग–अलग परिस्थितियों में लोग ग़लतफ़हमी का शिकार होते रहते हैं, जिससे प्रेममय रिश्ते टूटने लगते हैं। ये बातें आप टी.वी. धारावाहिकों में भी देखते हैं। टी.वी. के कार्यक्रम देखते वक़्त आप धारावाहिक के किरदारों को ग़लतफ़हमी का निर्माण करते हुए देखते हैं। आपको ये कार्यक्रम इस दृष्टिकोण से देखने चाहिए ताकि आपके जीवन में ऐसी गलतफ़हमियाँ पैदा न हों।

अगर फ़िल्मों में रिश्तों में ग़लतफ़हमी होने के कारण और उन्हें दूर करने के उपाय सही ढंग से दिखाए गए तो इंसान फ़िल्मों से भी सीख सकता है। जैसे एक फ़िल्म में दिखाया गया कि किस तरह दो लोगों ने आपसी ग़लतफ़हमी को दूर किया। पहला इंसान बोल नहीं पा रहा था, दूसरे के सामने जा नहीं पा रहा था, उसकी आँख से आँख नहीं मिला पा रहा था, इसलिए उसने एक पत्र लिखा। पत्र में उसने सामनेवाले को अपना शुभचिंतक कहा, उसकी सभी अच्छाइयाँ लिखीं। बाद में उसने अपनी शिकायत अच्छे शब्दों में लिखी और सामनेवाले को वह पत्र दे दिया। इस तरह उसकी समस्या सुलझ गई। यह देखकर लोग भी सोच सकते हैं कि 'मैं भी अपनी समस्या ऐसे सुलझा सकता हूँ।' लिखित संप्रेषण का जादू अनोखे ढंग से काम करता है। परिवार में एकता बढ़ाने के लिए पत्र और ग्रीटिंग्स् लेने-देने का प्रयोग करते रहना चाहिए।

कुछ प्रयोग करने से पहले मनन करें। मनन द्वारा आपको यह पता चलेगा कि कौन सी बातों पर मुझे सुधार करना है। लोगों के बीच ग़लतफ़हमी पैदा होने के छोटे-छोटे कारण हैं। कई बार सामनेवाले ने हमें क्या बताया है या हमने सामनेवाले से क्या कहा है, यह याद न रहने के कारण आपस में ग़लतफ़हमी पैदा होती है। वार्तालाप में कई बार सामनेवाला हमारी बातें नहीं समझ पाता, न ही वह यह बात बता पाता है कि उसे समझ में नहीं आया है, इस वजह से ग़लतफ़हमी अपनी जगह बना लेती है।

वार्तालाप में एक इंसान दूसरे इंसान को व्यस्त मानने के कारण उसे बताया गया संदेश दोबारा नहीं पूछता, जिससे ग़लतफ़हमी होने की संभावना बढ़ जाती है। सुननेवाला अगर बतानेवाले की भाषा से परिचित नहीं है तो भी कई बार ग़लतफ़हमी होती है। एक ही शब्द कई लोग अलग-अलग संदर्भ (रेफरेन्स्) में इस्तेमाल करते हैं इसलिए ग़लतफ़हमी अपना फ़ायदा लेती है।

कई बार लोगों को किसी चीज़ के बारे में ग़लत या अधूरी जानकारी होती है इसलिए वे दूसरों को भी ग़लत जानकारी दे देते हैं, ग़लतफ़हमी को फिर और क्या चाहिए! कई बार संबंधित इंसान को कुछ जानकारी देने की आवश्यकता लोगों को महसूस नहीं होती, इससे सामनेवाले को परेशानी उठानी पड़ती है। जो जानकारी आपके लिए बहुत छोटी है, हो सकता है

वह सामनेवाले के लिए बहुत महत्त्व रखती हो। इसलिए जल्द से जल्द हर जानकारी संबंधित इंसान तक पहुँचाने की आदत अपने आपमें डाल दें। वरना फोन, ई-मेल, एस.एम.एस. का उपयोग कब करेंगे!

लोगों के बारे में ग़लत अनुमान लगाने की वजह से ग़लतफ़हमी होती है। लोग अनुमान लगाते हैं कि फ़लाँ इंसान ने ऐसा निर्णय इस-इस वजह से लिया होगा। फिर वे बाकी लोगों को अपने अनुमान वैसे ही बताते हैं, जो कि बिलकुल ग़लत होते हैं। अपने अनुमान तब तक अपने पास रखें, जब तक वह बात सिद्ध न हो जाए।

कई बार सामनेवाला जब बात कर रहा होता है तब हमारे मन में कुछ और विचार चल रहे होते हैं या हम कहीं और देख रहे होते हैं इसलिए सामनेवाले ने क्या कहा, यह हम ठीक ढंग से सुन ही नहीं पाते और ग़लतफ़हमी मौका पाकर अंदर प्रवेश करती है।

सामनेवाले को बातें बताने के बाद हम यह नहीं जाँचते कि उसने हमारी बात सही समझी है या नहीं तथा शब्दों का ग़लत अर्थ निकालने की वजह से भी ग़लतफ़हमी होती है।

चींटी से बचने के लिए लोग चीते को आमंत्रित करते हैं। असुविधा की चींटी को टालने के लिए लोग कुछ बातें सामनेवाले को बताना नहीं चाहते, जो आगे चलकर बड़ी समस्या (चीते) का रूप लेकर सामने आती हैं। चाहे बताते वक़्त बात कितनी भी अप्रिय लगे, चाहे सामनेवाला डाँटे, मगर सही समय पर संदेश पहुँचा देना चाहिए। इससे आगे चलकर आप बहुत सारी परेशानियों से बच जाते हैं।

संवाद मंच को मज़बूत करें

ऐसी बातों को टालने के लिए हमेशा सही समय पर, संबंधित इंसान को सही जानकारी देना अति आवश्यक है। जिसके लिए आप कुछ सही शब्द, कुछ मुद्राओं द्वारा जो पहले से ही निर्धारित की गई हों, सामनेवाले को बताएँ ताकि उन्हें देखकर वह समझ जाए कि आप नाराज़ नहीं हैं।

यदि आप कुछ देर मौन में जाना चाहते हैं तो अपने हाथ से एक मुद्रा बनाएँ और सामनेवाले को मुद्रा बनाकर इशारा करें कि आप कुछ देर मौन

में रहना चाहते हैं। फिर वह आपको समय देगा, स्पेस देगा और थोड़ी देर के लिए आपको अकेला छोड़ देगा।

ग़लतफ़हमी नामक बीमारी को रोकने के लिए बीमारी के कारणों को मिटा दें। इस अध्याय में बताए गए सभी कारणों पर मनन करके एक कार्य योजना बनाएँ कि आप आगे कैसे वार्तालाप करेंगे। फिर न रहेगा कारणों का बाँस, न बजेगी ग़लतफ़हमी की बाँसुरी।

अगले खण्ड द्वारा सच्चे प्रेम को प्लास्टिक होने से बचाना सीखें।

प्रेम नियम को जीवन में उतारने के लिए क्या आप यह कर पाएँगे?

एक कंपनी में 'पर्सनल ऐंड ह्यूमन रिसोर्स' विभाग में कार्यरत एक कार्यालय प्रबंधक ने किस तरह दूसरे के जीवन में आनंद बिखेरा, इसका वर्णन नीचे किया गया है। प्रेम नियम की समझ मिलने पर प्रबंधक प्रमुख ने मन ही मन कुछ ठाना।

पाँच साल पहले प्रबंधक प्रमुख का अपनी पत्नी के साथ ज़ोरदार झगड़ा हुआ था और झगड़े में उन्होंने पत्नी को बड़ी बेरहमी से पीटा था। ऐसी प्रताड़ना पाकर पत्नी अपने बच्चे को लेकर मायके चली गई थी। महीने भर के बाद वे किसी तरह सुलह करके पत्नी को वापस ले आए लेकिन ससुरालवाले अपने जमाई से बेहद नाराज़ थे। उन्होंने जमाई के ससुराल में आने-जाने पर रोक लगा दी थी। पत्नी आ-जा सकती थी लेकिन जमाई के लिए ससुराल के दरवाज़े सदा के लिए बंद हो गए थे।

प्रेम नियम को समझने के बाद उन्होंने अपने ससुराल में फोन किया किंतु कोई उनसे बात करने के लिए तैयार नहीं था। अतः वे स्वयं अपनी गाड़ी लेकर ससुराल जा पहुँचे। ससुराल में पत्नी के भाई ने उन्हें दरवाज़े पर ही रोक दिया। प्रबंधक प्रमुख ने अपने साले के पैर छूए, उससे माफ़ी माँगी और भविष्य में अपनी पत्नी के साथ बुरा सुलूक न करने की सौगंध खाई। उन्होंने साले से कहा, 'मुझे अपनी सास से मिलने दीजिए, मैं उनसे माफ़ी माँगना चाहता हूँ।' साले साहब आश्चर्य में पड़ गए। जमाई के बरताव को देखकर उन्हें सासू माँ से मिलने की अनुमति दे दी गई। जमाई ने सासू माँ के पैर छूए और कहा, 'मुझसे बहुत बड़ी ग़लती हो गई, मैंने अपनी पत्नी को पीटा और आपको भी भला-बुरा कहा। मैं जानता हूँ कि आप मुझसे सख्त नाराज़ हैं इसलिए आपने मेरा घर आना बंद कर दिया है। आपकी जगह कोई और होता तो वह भी यही करता। आज मुझे अपनी ग़लती का एहसास हुआ है। मैं अपने किए पर लज्जित हूँ। मैं वादा करता हूँ कि आगे से मैं आपके दिल को कभी ठेस नहीं पहुँचाऊँगा। आप मुझे अपना बेटा ही समझिए और मेरे प्रति आपके दिल में जो गुस्सा है, वह निकाल दीजिए।' इस तरह का वार्तालाप होने के बाद आप समझ सकते हैं कि आज उनके संबंध कितने मधुर हो गए होंगे।

खण्ड 3

प्लास्टिक प्रेम दर्शन

मालिकीयत, सबूतों और शंकाओं से मुक्ति

प्रेम नियम वाक्य

'जो देने से मिले, लेने से घटे।
जो बिन फ्रेम प्रेम है,
वही प्रेम नियम है।'

अध्याय 10

सच्चा प्रेम

मालिकीयत में अटका प्रेम

प्रेम का अर्थ एक-दूसरे को निहारना नहीं है,
बल्कि एक साथ एक ही दिशा में देखना है।
– ऑन्टुआन डि सॉन्ट एक्ज़्यूपेरी

नकली प्रेम में अकसर लोग प्रेम को 'प्रेम बंधन' शब्द देते हैं। वास्तव में प्रेम और बंधन ये दोनों शब्द एक-दूसरे के विपरीत हैं। प्रेम का कोई बंधन नहीं होता और जो बंधन बनाता है, वह असली प्रेम नहीं होता। प्रेम तो हमें मुक्त रखता है, मोह, अहंकार, ईर्ष्या के बंधनों से मुक्ति दिलाता है। असली प्रेम, प्रेम करनेवाले को तो मुक्त रखता ही है, साथ ही जिससे प्रेम किया जाता है उसे भी मुक्त रखता है।

हम जिससे प्रेम करते हैं, उसे अपना समझते हैं। यहाँ तक ठीक है लेकिन उसे अपनी जायदाद न समझ लें। हर इंसान का अपना स्वतंत्र व्यक्तित्व होता है और हमें उसके व्यक्तित्व की स्वतंत्रता का सम्मान करना चाहिए।

प्रेम में जब अधिकार की भाषा आ जाती है, एक-दूसरे पर कब्ज़ा करने की कोशिश होने लगती है तब ऐसा प्रेम निश्चित रूप से दोनों

प्रेमियों को गिराता है। प्रेम यदि सच्चा हो तो वह गिराता नहीं बल्कि ऊपर उठाता है।

अकसर लोग साधारण प्रेम में कसमें खाते हैं कि 'मैं फ़लाँ को अपना बनाकर ही रहूँगा या रहूँगी।' फिर जब वे सामनेवाले को अपना बनाते हैं तो उसके साथ विधिवत करार भी करते हैं। जिसमें वस्तुओं की भाँति इंसानी रिश्ते पर भी कानूनी तौर पर अपना अधिकार चाहते हैं। साथ ही जीवन के हर स्तर पर वे सामनेवाले पर अपनी मालिकीयत जताते हैं। इस चक्कर में हकीकत में जिससे उन्हें प्रेम होता है, उसे आत्मिक रूप से अपनाना भूल जाते हैं। ऐसे रिश्तों में लिए गए सात फेरे, माया के फेरे (बंधन) बन जाते हैं।

कहीं पति, पत्नी पर अपनी मालिकीयत जताता है तो कहीं पत्नी पति पर अपना हक जताती है। पति चाहता है कि पत्नी उसके मन मुताबिक उठे-बैठे, हँसे, बात करे... उसकी पसंद के ही कपड़े पहने... उसकी इजाज़त से ही कहीं आए-जाए... उसका मनचाहा खाना बनाकर शाम को उसके घर आने का इंतज़ार करे... हमेशा सज-सँवरकर रहे... आदि। पत्नी की हर बात पर वह एक पाबंदी सी लगाता है।

पत्नी भी चाहती है कि पति ऑफ़िस से जल्दी घर आए, घर आते हुए उसके लिए रोज़ फूल लेकर आए, उसके साथ ज़्यादा समय बिताए, उसे पिकनिक लेकर जाए आदि। जब अधिकार जताने की चाहत हद से ज़्यादा बढ़ जाती है तो रिश्तों में दरार आने लगती है। इस तरह का प्रेम एक तरह से घुटन बन जाता है। समय रहते यदि इस बंधन को समझ लिया जाए और अधिकार जताने की चाहत छोड़कर एक-दूसरे की स्वतंत्रता का सम्मान किया जाए तो रिश्तों में प्रेम, बंधन नहीं, मुक्ति लाता है।

प्रेम, घुटन नहीं बल्कि एक मुक्त, शुद्ध भाव है। इसमें न कोई मालिक है और न उसकी कोई मिलकियत होती है। सच्चे प्रेम में कभी भी किसी को बाँधकर रखने या अधिकार जताने की चाहत नहीं होती।

मालिकीयत में अटके प्रेम की समझ प्राप्त कर अब स्वयं मनन करें कि कहीं आपका प्रेम इस मालिकीयत के फ्रेम में तो नहीं अटका? यदि अटका है तो अपने प्रेम को इस फ्रेम से निकालें। आज ही सोचें कि अपने

प्रेम को सच्चा और बंधन मुक्त कैसे बनाया जाए।

प्रेम चाहे किसी से भी हो पति से, पत्नी से, माँ-बाप से, भाई-बहन से या मित्रों से लेकिन जब भी कहें कि आप किसी से प्रेम करते हैं तब उसके आगे यह भी कहें कि आप उससे सच्चा प्रेम करना चाहते हैं। अपने प्रेम को अगले स्तर पर ले जाना चाहते हैं (मैं तुम्हें प्रेम करता हूँ मगर सच्चा प्रेम करना चाहता हूँ)। इस तरह मन में उत्पन्न हुए प्रेम भाव को बसाएँ। उसके मूल (शुद्ध) रूप में अपने हृदय में रखें और सच्चे प्रेम का कमाल देखें।

प्रेम नियम को जीवन में उतारने के लिए क्या आप यह कर पाएँगे?

एक सोलह साल का लड़का था। आए दिन उसका अपनी माँ के साथ मनमुटाव होता रहता था। इस कारण वह सदा तनावग्रस्त रहा करता था। उसे अपने जन्मदिन पर प्रेम नियम की समझ मिली। उस दिन उसे इस रहस्य का पता चला कि कैसे अपनी माँ के साथ संबंध सुधारे जा सकते हैं। हालाँकि उस वक़्त वह अपने मित्रों के साथ बाहर गया हुआ था। तब बाहर से उसने अपनी माँ को फोन किया और कहा, 'माँ आज मुझे एहसास हो रहा है कि तुमने मेरे लिए क्या-क्या किया है, कितनी तकलीफ़ें सही हैं, तुम्हारा बहुत-बहुत धन्यवाद।' माँ अपने बेटे के मुख से निकले धन्यवाद के शब्द सुनकर भाव-विभोर होकर रोने लगी। बेटे की आँखों से भी आँसू झरने लगे। फोन रखने के बाद उसके दोस्तों ने रोने का कारण पूछा तो उसने बताया, 'माँ के आनंदाश्रु में मैं भी भीग रहा हूँ।' वह रोता ही जा रहा था, रुकने का नाम ही नहीं ले रहा था। ज़रा सोचिए, जब वह घर जाएगा तब माँ किस तरह उससे मिलेगी। बेटे के घर पहुँचने तक हर पल माँ के लिए प्रेममय होगा। उसका एक क्षण भी ऐसा नहीं जाएगा कि वह अपने बेटे को याद न करे।

अध्याय 11

सच्चे प्रेम का कमाल देखें

प्लास्टिक भावनाओं में अटका प्रेम

सौंदर्य की बुनियाद पर खड़ा प्रेम जल्द ही सौंदर्य की तरह ही मर जाता है।

– जॉन डन

प्लास्टिक के फूल बाज़ार में बड़ी आसानी से मिल जाते हैं, काफ़ी सस्ते भी होते हैं, उनकी देखभाल भी नहीं करनी पड़ती। ख़ास बात तो यह है कि उनका निर्माण बिना पेड़ के ही होता है। बीज बोना, उसे पानी देना, खाद डालना, पौधे को सँभालना ऐसा कोई झंझट वहाँ नहीं होता। इतना ही नहीं, हम इन फूलों को जिस आकार में चाहे बना सकते हैं। जिस रंग में चाहे रंग सकते हैं। लेकिन हाँ! उनसे किसी नए बीज का निर्माण भी नहीं होता। वे सालों तक फूलदानी में ही सजे रहते हैं। किंतु वे नए फूलों को निर्माण करने की क्षमता नहीं रखते। वे गतिहीन होते हैं, उनमें हम असली फूलों की सुगंध भी नहीं डाल सकते, जो फूलों की असलियत का प्रमाण होता है। अगर आप प्रेम के नकली फूलों से ही ख़ुश होते रहेंगे तो असलियत की सुगंध भूल ही जाएँगे।

प्रेम के वास्तविक रूप को समझने के लिए प्लास्टिक प्रेम के खेलों को भी समझना बहुत आवश्यक है ताकि आप प्रेम के नाम पर भ्रमित न

हों। वरना संसार में प्रेम की जो झूठी तसवीरें गढ़ दी गई हैं, इंसान उन्हीं को सत्य मानकर कभी सच्चे प्रेम तक पहुँचने का प्रयास ही नहीं करता।

सच्चा प्रेम दिल (हृदय) की बात है, जबकि प्लास्टिक प्रेम मन की बात है। जब इंसान को लगता है कि उसे किसी से दिल से प्रेम हुआ है तो उसे अपनी प्रेम भावना पर थोड़ा कपट मुक्त मनन करना चाहिए। अगर उसमें कामनाएँ और शर्तें हैं तो वह दिल से नहीं बल्कि मन से प्रेम कर रहा है। मन में ही ईर्ष्या, असुरक्षा जैसे भाव होते हैं। मन का प्रेम प्लास्टिक प्रेम है, जिसमें कितनी भी अशुद्धि मिलाई जा सकती है।

वास्तविक प्रेम इंसान को निर्भय बनाता है, उसे लगता है कि उसने सब कुछ पा लिया, अब कुछ भी पाना या होना शेष नहीं बचता। यही सच्चे प्रेम की पहचान है, जहाँ सारी कामनाएँ ख़त्म हो जाती हैं। जबकि प्लास्टिक प्रेम में लोगों को कुछ खोने का डर आ जाता है। जैसे, 'कल यह इंसान मेरे साथ नहीं रहा तो क्या होगा? मुझे कम पसंद करने लगा तो क्या होगा?' फलतः कुछ खोने के डर से उसका कुछ बनना लगातार जारी रहता है, 'ज़्यादा प्यारा बनूँ, ज़्यादा सफल बनूँ, ज़्यादा आकर्षक बनूँ...।'

इंसानी रिश्तों को प्रदूषण से बचाना हो तो हमें अपने मन से इस प्लास्टिक भाव (अतेज प्रेम) को हटाना होगा। सामनेवाले के बाहरी रूप को देखकर ही इंसान उसके प्रति आसक्त हो जाता है और सोचता है कि वह सामनेवाले से सच्चा प्रेम करता है। परंतु हम जानते हैं कि हमें केवल शारीरिक स्तर पर नहीं रुकना है क्योंकि शरीर तो विकारों से ग्रस्त होता है। हमें तो साक्षी भाव में रहकर अशरीरी स्तर पर (स्वयं को शरीर न मानते हुए) सोचना है। सबसे पहले तो अतेज प्रेम से मुक्त होना है।

प्लास्टिक प्रेम से मुक्त होकर ही इंसान असली प्रेम की ओर बढ़ सकता है। साधारण प्रेम में भी इंसान कितना कुछ कर गुज़रता है, तो सोचें कि सच्चे प्रेम की शक्ति उससे कैसे चमत्कार करवा सकती है। सच्चे प्रेम की शक्ति को संत तुलसीदास के जीवन में घटी एक घटना से समझेंगे। उनके जीवन की यह घटना उन्हें साधारण प्रेम से सच्चे प्रेम की ओर ले गई।

सच्चे प्रेम की शक्ति

तुलसीदास का नया-नया विवाह हुआ था। वे अपनी पत्नी रत्नावली से बहुत प्रेम करते थे और उसके बिना एक भी दिन नहीं रह पाते थे। एक बार जब उनकी पत्नी मायके गई हुई थी, तब उन्हें उसकी बहुत याद आई और वे रात के अंधेरे और मूसलाधार बारिश में ही अपनी ससुराल की ओर चल दिए। रास्ते में नदी थी, जिसे पार करके तुलसीदास को ससुराल पहुँचना था। तेज बारिश के कारण नाविक नदी पार करवाने के लिए तैयार नहीं हुआ। तभी तुलसीदास को नदी में कोई चीज़ बहती हुई दिखाई दी। उन्हें लगा कि कोई लकड़ी का लट्ठा बह रहा है और उन्होंने उसके सहारे नदी पार कर ली। बाद में उन्हें पता चला कि वह लट्ठा नहीं बल्कि किसी आदमी की लाश थी।

ससुराल पहुँचने पर उन्होंने देखा कि सभी लोग सो चुके हैं। तभी उन्होंने आँगन में एक रस्सी लटकती देखी और उसे पकड़कर वे घर के अंदर पहुँच गए। अंदर पहुँचने के बाद उन्होंने देखा कि जिसे वे रस्सी समझ रहे थे, दरअसल वह साँप था। जब उन्होंने अंदर जाकर अपनी पत्नी को जगाया तो वह चौंक गई। तुलसीदास ने पूरी बात बताई कि वे कितनी मुश्किलों का सामना करके उससे मिलने आए हैं। तुलसीदास का अंधा जोश देखकर पत्नी हैरान हो गई। उसने तुलसीदासजी से कहा, 'मुझसे मिलने के लिए इतनी उत्सुकता? इतना साहस? यह प्रेम नहीं वासना है। अरे! जितना प्रेम आप मुझसे करते हैं, उसका दसवाँ हिस्सा भी अगर ईश्वर से करते तो आपका लोक-परलोक सब सुधर जाता और आप वैकुंठ के अधिकारी हो जाते।'

पत्नी की यह बात तुलसीदास के दिल को इतनी छू गई कि उनमें वैराग्य भाव जग गया। पत्नी के शब्दों ने तुलसीदास की आँखें खोल दीं। जिसे वे प्रेम समझ रहे थे, वह तो केवल एक विकार था। वे तुरंत वहाँ से निकल गए। पहले वे वासनाओं के बंधन लगानेवाले पत्नी प्रेम के दास थे, अब वे सभी विकारों से मुक्ति दिलानेवाले भक्तिमय प्रेम से राम के दास बन गए। उसके बाद उन्होंने अपनी सारी लगन, प्रेम, भक्ति राम के चरणों में समर्पित कर दी। तभी तो वे 'रामचरित मानस गान' जैसे अमूल्य ग्रंथ की रचना कर पाए।

कहने का तात्पर्य है कि अगर झूठे विकारवश अशुद्ध प्रेम में भी लोग इतना बड़ा साहस कर सकते हैं, वासना पूर्ति के लिए सभी समस्याओं

पर मात कर सकते हैं तो सोचें कि सच्चे, शुद्ध, विकाररहित प्रेम में वे क्या कमाल दिखा सकते हैं। हाँ, लेकिन उस कमाल को दिखाने के लिए पहले प्रेम के कई बंधनों से मुक्त होना होगा। शंकाओं से मुक्त होना होगा।

प्रेम नियम को जीवन में उतारने के लिए क्या आप यह कर पाएँगे?

एक इंसान के वैवाहिक जीवन को पंद्रह वर्ष हो चुके थे। उसकी पत्नी ने अपने परिवार की सुख-समृद्धि के लिए बहुत योगदान किया था। यह इंसान अपने काम-धंधे में इतना व्यस्त रहा करता था कि उसे अपनी पत्नी की तरफ ध्यान देने के लिए समय ही नहीं मिलता था। इस तरह कई साल बीत गए। उनका वैवाहिक जीवन सुखी तो था परंतु जीवन की प्रेम की नदी जैसे सूख गई थी। उनका जीवन यंत्रवत चल रहा था। वह इस बात से उबरना चाहता था। इस उधेड़बुन में कई दिन बीत गए। वह अपनी पत्नी से जो बोलना चाहता था, बोल नहीं पा रहा था। प्रेम नियम को समझने पर उस इंसान ने जाना कि सब कुछ होते हुए भी उसके जीवन में इतना रूखापन क्यों है। फिर उसने ज़रा भी देर नहीं की। उसने फ़ौरन अपनी पत्नी से इज़हार किया कि 'आज तक मैंने अपने जीवन में जो कुछ भी हासिल किया है, मुझे जो भी सफलता मिली है, उसमें तुम्हारा बहुत बड़ा योगदान है। इस बात के लिए मैं तुम्हारा तहेदिल से शुक्रगुज़ार हूँ। आज मैं जो कुछ भी हूँ, तुम्हारी वजह से हूँ।' पति का इकरार सुनकर पत्नी रोमांचित हो उठी। उसे लगा कि परिवार के लिए किया गया योगदान सार्थक हो गया। इस तरह प्रेम नियम ने उनके जीवन में सच्चे प्रेम को उजागर किया।

अध्याय 12

प्रेम को सबूतों से दूर रखें

शंकाओं में अटका प्रेम

नकली प्रेम में ही ईर्ष्या की ज़रूरत महसूस होती है
क्योंकि नकली प्रेम शंकाओं और शर्तों से भरा हुआ होता है,
उसकी अपनी टाँगें नहीं हैं, वह अपाहिज है।

लोगों को प्रेम में सबूत माँगने की आदत होती है, उन्हें हमेशा शंका रहती है कि क्या सामनेवाला हमसे प्रेम करता है? सामनेवाला कल प्रेम कर रहा था तो आज भी प्रेम कर रहा है या नहीं? ऐसी सोच के पीछे यह डर होता है कि अगर सामनेवाले का प्रेम ख़त्म हो गया तो मेरा क्या होगा? इसी वजह से इंसान को प्रेम में सबूत देने की ज़रूरत पड़ती है।

जैसे एक कंजूस तिजोरी खोलकर पैसे देखता है और गिनता है तो वह अच्छे ढंग से काम कर पाता है। हर दिन उसे वह करना पड़ता है। बार-बार वह नोट गिनता रहता है। उसे रोज़ सबूत चाहिए कि उसके पास अभी भी वे पैसे हैं क्योंकि उसे डर है कि उसका पैसा चला जाएगा।

इंसान को यदि सामनेवाले पर विश्वास न हो और असली प्रेम भी पता न हो तो वह सबूत चाहता है। वह सबूत माँग-माँगकर प्रेम को मार

डालता है। सामनेवाला भी उसकी इस आदत से परेशान हो जाता है।

पति अपनी पत्नी के लिए किसी दिन फूल नहीं लाया तो पत्नी कहती है कि 'पति का प्रेम कम हो गया है।' जबकि वह नहीं जानती कि फूल न लाने के हज़ारों कारण हो सकते हैं। ठीक इसी तरह किसी दिन पत्नी ने मनचाहा खाना नहीं बनाया तो पति को लगता है कि पत्नी अब मुझसे पहले जैसा प्रेम नहीं करती।

हर इंसान का अपने आपको व्यक्त करने का ढंग अलग-अलग होता है। आप जिस तरह से स्वयं को व्यक्त करते हैं उसी तरह से सामनेवाला आपको प्रतिसाद दे, ऐसा आपको लगता है। अपनी चाहत आप दूसरों पर थोपना चाहते हैं इसलिए भी कई बार आप प्रेम का सबूत माँगते हैं। आपको ऐसा लगता है कि जब मुझे अच्छा लगता है और सामनेवाले से प्रेम होता है तब मैं जो शब्द इस्तेमाल करता हूँ, वे ही शब्द सामनेवाले को भी इस्तेमाल करने चाहिए। जब कोई चीज़ पक्की नहीं होती है तभी सबूत की आवश्यकता होती है। इसी वजह से अदालत में भी सबूत लाए जाते हैं, वरना सबूत की आवश्यकता ही नहीं है।

किसी भी घटना में यही बेहतर है कि आप अपनी समझ जारी रखें, सामनेवाले को बाँधने की कोशिश न करें। ऐसा करने से उसका प्रेम बरकरार रहेगा। ज़ोर-ज़बरदस्ती करने से जो थोड़ा प्रेम बचा होगा, वह भी ख़त्म हो जाएगा।

अकसर देखा गया है कि माँ बच्चे को बेशर्त (unconditional) प्रेम करती है मगर जब बेटे की शादी हो जाती है तब वह बेटे को बहू से बचाने की कोशिश करने लगती है। उसे लगता है कि कहीं बेटा उसकी (माँ की) तरफ ध्यान देना बंद ही न कर दे। बच्चे को पहली बार माँ का यह व्यवहार थोड़ा अजीब लगता है। इतने सालों तक वह माँ से सबसे ज़्यादा प्रेम करता था क्योंकि तब माँ खुलकर बात करती थी। तब कोई छिपे हुए कार्य (hidden agenda) माँ के पास नहीं थे। माँ जैसी है, वैसी ही बात करती थी। अब बहू आने के बाद माँ घुमा-फिराकर बात कर रही है तो बेटे को समझ में आता है कि कुछ तो अलग चल रहा है। उसे महसूस होता है कि माँ पहले कभी ऐसे बात नहीं करती थी। सालों-साल यह लगातार चलते रहने की वजह से बेटे का माँ के प्रति और माँ का बेटे के प्रति प्रेम

ख़त्म होने लगता है और दोनों एक-दूसरे से प्रेम के सबूत माँगने लगते हैं। इस वजह से प्रेम समाप्त होने लगता है।

जब आप हर रिश्ते को ठीक तरह से समझ जाएँगे, प्रेम को जान जाएँगे तब आप उसके होने का सबूत नहीं माँगेंगे। वरना कई बार इंसान को अपने रिश्ते गँवाने का डर लगा रहता है। जिस कारण वह सदा असुरक्षित महसूस करता है। ऐसे में वह बार-बार पूछता रहता है, 'क्या तुम मुझसे प्रेम करते हो? क्या तुम मुझसे सही मायनों में प्रेम करते हो?' इस तरह शंकालु इंसान का मन कई सवालों और आशंकाओं से घिरा रहता है। प्रेम को कुरेदने की वजह से मन की शांति खंडित हो जाती है और प्रेम आते-आते कहीं अटक जाता है। क्योंकि उसका प्रवेश मार्ग कई सारी आशंकाओं से बाधित होता है। अतः सोचें कि सबूत माँगने के चक्कर में कहीं हम अपना प्रेम तो नहीं खो रहे हैं? अर्थात अपने प्रेम पर से विश्वास तो नहीं खो रहा है? जबकि यही विश्वास हमारे प्रेम की नींव को मज़बूत करता है। जो आगे चलकर अखंड, निरंतर और तेज विश्वास बनता है। प्रेम को बरकरार रखने के लिए प्रेम को नया जीवनदान दें। प्रेमभरे रिश्तों से शक और सबूत पाने की चाहत को दूर रखें। साथ ही प्रेम को विकारों से मुक्त रखना भी सीखें, अगले खण्ड द्वारा।

प्रेम नियम को जीवन में उतारने के लिए क्या आप यह कर पाएँगे?

एक लड़का अपनी सौतेली माँ के साथ रहता था। कई साल पहले सौतेली माँ ने उसे कुछ ऐसे अपशब्द कहे, जिससे वह बुरी तरह आहत हो गया। इस घटना के बाद वह सौतेली माँ से नाराज़ रहने लगा। माँ से एक निश्चित दूरी रखकर जीवन जीने लगा। दोनों के संबंधों में एक कड़वाहट घुल गई। रिश्तों के बीच की दूरी बढ़ती ही गई। यहाँ तक कि उसने अपनी माँ को 'माँ' कहकर पुकारना भी बंद कर दिया। प्रेम नियम की समझ मिलने पर उसकी सोच में एक ज़बरदस्त परिवर्तन आया। रिश्तों में सच्चा प्रेम लाने के लिए वह प्रयत्नशील रहने लगा। प्रयत्नों के परिणामस्वरूप उसके स्वभाव में नरमी आने लगी और एक दिन वह अपनी माँ को 'माँ' कहकर पुकार पाया। आप सोच सकते हैं कि जिस लड़के ने कई सालों से अपनी माँ को 'माँ' कहने से इनकार कर रखा था, अचानक एक दिन उसके मुख से 'माँ' यह संबोधन सुनकर माँ के दिल में अपने बेटे के प्रति प्यार का कैसा सागर उमड़ पड़ा होगा!

खण्ड 4

प्रेम पतन के तीन बड़े कारण

मोह, वासना, ईर्ष्या से मुक्ति

प्रेम नियम वाक्य

'जो देने से मिले, लेने से घटे।
जो बिन फ्रेम प्रेम है,
वही प्रेम नियम है।'

अध्याय 13

प्रेम को मोह से मुक्त रखें

आसक्ति में अटका प्रेम

अतेज प्रेम यानी शर्तोंवाले प्रेम की वजह से संघर्ष होता है
वरना प्रेम में संघर्ष नहीं, सहयोग होता है।

मोह इंसान के दुःख का बड़ा कारण है। मोह यानी प्रेम के रूप में छिपी आसक्ति, जुड़ाव, लगाव। इंसान अपने आपको जिस किसी का गुलाम बना देता है, उसकी हाँ में हाँ मिलाकर सारा जीवन मोह में बेहोश होकर बिता देता है। इंसान लालचवश लोगों से मिलनेवाली सुविधाओं, पद और धन को छोड़ नहीं पाता इसलिए मोहताज बनकर जीता है। सुविधाओं से मोह हो जाने की वजह से इंसान दूसरों का मोहताज होने लगता है। दूसरी तरफ जो इंसान अपने शरीर पर अनुशासन रखता है, वह मोहताज नहीं, मोहतेज (मोह से मुक्त) जीवन जीता है।

इंसान को जब किसी के प्रति आसक्ति हो जाती है, तब उसे मोह का आभास भी नहीं हो पाता क्योंकि ऐसा कब हो गया यह उसे पता नहीं चलता। मोह प्रेम की आड़ में छिप जाता है और एक अदृश्य बंधन तैयार करता है। कुछ लोगों की कई ग़लत या बुरी आदतें छूट जाती हैं लेकिन बस मोह के कारण वे अटके रह जाते हैं।

अपने जीवन में देखें कि हम मोह में कब-कब अटकते हैं? आपको लगेगा कि यह मोह नहीं, हमारा प्रेम है। मगर हमें समझना है कि यह सचमुच प्रेम है या मोह। लोग तो प्रेम के नाम पर वासनाओं में, मोह में उलझ जाते हैं और बाहर से कहते हैं, 'यह हमारा प्रेम है।' हालाँकि वे सच्चे प्रेम का अर्थ भी नहीं जानते मगर प्रेम की दुहाई देते रहते हैं। ऐसे लोगों को आगाह किया जाता है कि इस तरह की आसक्ति में न उलझें।

मोह एक ऐसा सूक्ष्म विकार है, जिसका हमें एहसास भी नहीं हो पाता है कि यह विकार है। मोह अतेज प्रेम के कारण होता है जो इंसान को तुरंत मोहित कर देता है।

जैसे एक माँ को अपने बच्चे के प्रति प्रेम है लेकिन उसका प्रेम कब मोह में परिवर्तित होता है, उसे पता ही नहीं चलता। जब उसका बच्चा बीमार होता है तब वह रोने लगती है। बच्चे ने खाना नहीं खाया तो वह भी खाना नहीं खाती। यदि बीमारी के कारण बच्चा ठीक तरह से सो नहीं पाया तो वह पूरी रात उसके लिए जागती है। एक माँ की अपने बच्चे के प्रति इस तरह की आसक्ति मोह है। वह यह नहीं जानती कि इस तरह भूखे रहने से, नींद न लेने से वह सही तरह से बच्चे की सेवा नहीं कर पाएगी। यदि वह बच्चे को ठीक करना चाहती है तो उसे स्वस्थ रहना होगा। परंतु बच्चे के प्रति मोह के कारण वह सोचती है कि 'मेरे बच्चे ने खाना नहीं खाया तो मैं कैसे खाऊँ?' इस तरह माँ का प्रेम मोह में बदल जाता है।

तात्पर्य यह है कि मोह यानी जुड़ाव, आसक्ति, लगाव। एक माँ का केवल अपने बच्चे के प्रति मोह नहीं होता बल्कि अपने रिश्तेदारों के प्रति और पसंदीदा वस्तुओं के प्रति भी मोह होता है।

कुछ लोग आँखों से देख नहीं सकते, जिन्हें आप अंधे कहते हैं। ऐसे लोगों को देखकर आपको ज़रूर करुणा आती होगी लेकिन मोह के अंधे को देखकर आपको रत्तीभर भी दया नहीं आएगी। एक बार आप मोह के दुष्परिणाम जान जाएँगे तो मोह-माया और अज्ञान के अंधों को देखकर उनके लिए कुछ करेंगे। आप उनसे यही कहेंगे कि मोह, माया और अज्ञान के अंधे न बनें, ईश्वर के बंदे बनें। इसे एक कहानी से समझें।

मोह में लिप्त एक अंधी माँ ने अपनी बेटी को कभी भी घर से बाहर नहीं निकाला। डर और मोह के कारण उसे कमज़ोर बना दिया। घर में घुट-घुटकर मरने से बचने के लिए वह लड़की अपने एक अंधे अतेज रिश्तेदार के पास भाग गई। लेकिन माया में डूबे हुए उस रिश्तेदार ने चंद पैसों के लिए उसे अंधे सौदागरों को बेच दिया। उस लड़की ने वहाँ से भी भागने की कोशिश की लेकिन वह पकड़ी गई। लड़की फिर से भागने न पाए इसलिए अज्ञान में अंधे सौदागरों ने उसकी बोली लगाई। एक ईश्वर के बंदे ने उसे खरीदा, उसकी कीमत चुकाई और लड़की के पास एक चिट्ठी पहुँचाई, जिसमें लिखा था, 'अब तुम आज़ाद हो, जहाँ चाहो जा सकती हो।' लड़की ने चिट्ठी देनेवाले से, उस ईश्वर के बंदे का पता पूछा। कारण पूछने पर उसने कहा कि 'मैं उस ईश्वर के बंदे की सेवा में रहना चाहती हूँ।'

जो लड़की हर जगह से भागना चाहती थी, वह जीवनभर सेवा करने के लिए तैयार हो गई। लेकिन मोह, माया और अज्ञान की वजह से नहीं बल्कि प्रेम की वजह से। कहानी का सार यही समझ देता है कि आप लोगों को जीत सकते हैं लेकिन इसके लिए आपको मोह-माया, अज्ञान, धन या लाठी की नहीं बल्कि प्रेम और करुणा की ज़रूरत होगी। ईश्वर के बंदे हर इंसान में ईश्वर को ही देखते हैं इसलिए बिना शर्त प्रेम देना उनके लिए सहज होता है। वे ख़ुद मोह से आज़ाद होते हैं और मोह में अंधे लोगों को मोह से मुक्ति दिलाने का कार्य करते हैं। अपने आपसे पूछें कि आप लोगों को मोहताज बनाकर, ख़ुद मोहताज बनना चाहते हैं या लोगों को मोह से आज़ाद करके, आज़ाद जीवन जीना चाहते हैं? यदि ज्ञान प्राप्त हुआ है तो आप आज़ादी का ही चुनाव करेंगे और हर मोह से मुक्त होना चाहेंगे।

मोह मोती नहीं, मिट्टी है इसलिए समझ के साथ मोह का त्याग करें, मोहताज बनकर न जीएँ। यह त्याग कठिन नहीं, आसान है। वैसे ही जैसे एक साँस लेने के बाद साँस को छोड़ने का त्याग बड़ी आसानी से होता है। कोई इंसान साँस छोड़ने में आनाकानी नहीं करता। हर

इंसान जानता है कि एक साँस छोड़ने के बाद अगली साँस ख़ुद-ब-ख़ुद आएगी। उसी तरह अपने जीवन में चीज़ों को आने और जाने दें, उनसे लगाव न रखें। जीवन में आपको हर चीज़ अलगाव के बॉक्स में मिले यानी जो भी मिले उससे आपको चिपकाव न हो, ऐसी प्रार्थना करें।

आइए अब प्रेम को वासना से मुक्त रखना सीखें, अगले अध्याय द्वारा।

प्रेम नियम को जीवन में उतारने के लिए क्या आप यह कर पाएँगे?

एक युवक शिविर में आया था। उसने अपने बारे में बताया कि वह बहुत सनकी व क्रोधी इंसान था तथा अपनी आदतों से परेशान था। वह अपनी कुछ शरारतों से बाज़ नहीं आता था। जैसे रोज़ रात को शराब पीकर अपने ससुराल फोन करके ससुरजी को जी भरकर गालियाँ देना, उसकी आदत बन चुकी थी। उसकी पत्नी उसे छोड़कर अपने पिता के पास चली गई थी। वह अपनी वृत्तियों से बेज़ार था और उनसे उबरना चाहता था। उस इंसान को जब प्रेम नियम की समझ मिली तब उसने अपने ससुर के साथ अपने संबंध सुधारने का प्रयास किया। उसने रात को ससुरजी को फोन लगाया मगर उस रात उसे फोन करते हुए डर लग रहा था। आए दिन वह रात का इंतज़ार किया करता था कि 'कब रात आए और मैं ससुरजी को फोन करूँ।' मगर उस दिन पहली बार उसे फोन करते हुए डर लग रहा था कि 'मैं कैसे बात करूँ, कैसे रिश्ते को सुधारूँ? क्या कहूँ?' उसके इस रवैये के कारण ससुराल में कोई उसका फोन तक नहीं उठाता था इसलिए उसने ससुरजी को बाहर से फोन किया और कहा,

'अब मैं बदल गया हूँ, मैं आपसे माफ़ी माँगना चाहता हूँ। मेरा यकीन कीजिए, मैं अब पहले जैसा नहीं रहा, मुझमें परिवर्तन आ गया है। कृपा करके मेरी पत्नी से मेरी बात करवा दीजिए।' पहले तो उसके ससुर को उसकी बात पर विश्वास नहीं आया। फिर उस इंसान ने अलग-अलग तरीक़े से अपने ससुर को यकीन दिलाने की कोशिश की। उन पति-पत्नी का रिश्ता इस कदर बिगड़ चुका था कि तलाक तक की नौबत आ गई थी। मगर प्रेम नियम की समझ ने यह अनर्थ होने से बचा लिया। आप समझ सकते हैं कि सिर्फ एक फोन करने से जीवन में कितना बड़ा परिवर्तन लाया जा सकता है। उस नवयुवक में हुए परिवर्तन को देखकर बहुत से लोग प्रभावित हुए। उन्हें लगा कि इस इंसान में बदलाव आ सकता है तो हम में क्यों नहीं हो सकता है! इंसान में जब अंदर से परिवर्तन होता है तब वह ख़ुद नहीं जानता कि वह कितने लोगों के कल्याण के लिए निमित्त बनता है।

अध्याय 14

प्रेम को वासना से मुक्त रखें

पवित्रता या पाप

प्रेम जब बेशर्त होता है तब वह तेजप्रेम बनता है
और इस प्रेम की जब हृदय में स्थापना होती है
तब 'परमात्मा' से मिलन होता है।

सच्चे प्रेम को जानने के लिए आवश्यक है हर प्रकार की ग़लत धारणा से मुक्त होकर खाली हो जाना... जो जैसा है उसे वैसे ही देखकर स्वीकार करना... किसी भी बात पर सही-ग़लत, अच्छे-बुरे का लेबल न लगाना...। इसीलिए जितना प्रेम के बाकी बंधनों को जानना आवश्यक है, उतना वासना के बारे में जानना भी आवश्यक है ताकि यह हमारे मन को न तो उलझा सके, न अपने आकर्षण में फँसा सके, न ही हम इससे नफ़रत करें, न ही इसके बारे में कोई ग़लत धारणा बनाकर जीवन व्यर्थ करें।

वासना की शुरुआत

ईश्वर (कुदरत) ने इंसान बनाया और उसे विचार करने, सोचने-समझने की शक्ति दी ताकि वह इंसान के माध्यम से अपना अनुभव करे। इतना सब

आयोजन इसलिए भी हुआ ताकि इंसानों और अन्य जीवों का वंश चलता रहे।

कुदरत चाहती है कि अलग-अलग प्रजातियों के शरीर ज़िंदा रहकर, नए शरीर बनाएँ। नए शरीरों के साथ प्रजातियाँ कायम रहें और नई प्रजातियाँ विकसित हों ताकि सृष्टि का विकास क्रम चलता रहे। इसी उद्देश्य की पूर्ति हेतु काम की भावना और क्रिया बनाई क्योंकि इसके माध्यम से धरती पर पहले से उपलब्ध शरीरों से नए शरीर बनते रहें।

इंसान को छोड़कर अन्य जीवों में यह भूमिका सहजता से चल रही है। मगर इंसानों ने अपनी सोच और लालच के कारण इसे जटिल बना दिया। अति के कारण काम को विकृत कर, उसे वासना (लस्ट) बना दिया।

डी.एन.ए. प्रोग्रामिंग

इंसान धरती पर बना रहे, वह लुप्त न हो जाए इसलिए बाकी जीवों की तरह ही कुदरत ने इंसान को भी ऐसे विचार, ऐसी भावनाएँ दीं, जिनके कारण एक उम्र आने पर लोग किसी की ओर आकर्षित होते हैं। वे सामाजिक व्यवस्था के अनुसार शादी करते हैं और नई पीढ़ी अस्तित्त्व में आती है। यह इंसान के डी.एन.ए. में ही है। जो यह नहीं जानते और काम भावना या किसी के प्रति आकर्षित होने के विचारों को वर्जित मानते हैं, वे ऐसी भावनाओं को स्वीकार नहीं करते और अपराधबोध या ग्लानि से भर जाते हैं। और जो इन भावनाओं में आवश्यकता से अधिक उलझ जाते हैं, वे भी अपने लिए मानसिक और शारीरिक समस्याएँ खड़ी करते हैं।

काम प्रक्रिया के द्वारा कुदरत के विकास का क्रम चलता आ रहा है और आगे भी चलता रहेगा। नया शरीर बनता है और पुराना मिटता जाता है।

- काम की भूमिका है नए को बनाना,
- भोजन की भूमिका है बने हुए का पोषण करना और
- मृत्यु की भूमिका है पुराने को हटाना।

इस प्रकार कुदरत में सब कुछ सुव्यवस्थित तरीक़े से चल रहा है।

'काम'– वासना में कैसे बदल गया

बाकी जीवों में सहज मन काम कर रहा है मगर इंसान ही अकेला ऐसा प्राणी है, जिसमें सहज मन का स्थान तोलू मन (तुलना-तोलना करनेवाले) ने ले लिया है। इसी तोलू मन ने सारी समस्याएँ खड़ी की हैं।

उदाहरण के लिए भोजन का उद्‌देश्य सभी को पता है- शरीर को ज़रूरी पोषक तत्त्व और ऊर्जा देना, शरीर को स्वस्थ रखना। मगर आज कितने लोग भोजन को इसी उद्‌देश्य के लिए ग्रहण कर रहे हैं? बहुत ही कम। लोग खाना खाते हैं स्वाद के कारण, लिप्सा के कारण। स्वादिष्ट और मनपसंद भोजन होने पर वे ज़रूरत न होने पर भी खाते हैं और ज़रूरत से ज़्यादा खाते हैं। फिर अतिरिक्त खाने को हाज़मे की दवाई लेकर पचाते हैं ताकि दोबारा खा सकें। अर्थात एक सामान्य क्रिया जिसका उद्‌देश्य शरीर को स्वास्थ्य देना था, वही शरीर के अस्वस्थ होने का कारण बन गई।

जानवर भूख होने पर ही खाता है और अपनी ज़रूरत का खाना खाकर, वह उससे मुँह फेर लेता है क्योंकि वहाँ सहज मन काम कर रहा है। मगर इंसान अपने पेट को नहीं, मन और ज़बान को खिलाता है। उसका तोलू मन कहता है और चाहिए... अभी मन नहीं भरा... पता नहीं दोबारा मिले या न मिले...।'

कहने का तात्पर्य यह है कि दोष खाना खाने की क्रिया में नहीं है बल्कि इंसान की सोच में है। यही बात काम (सेक्स) के साथ भी लागू होती है। सामाजिक व्यवस्था के अनुसार शादी-शुदा जीवन की मर्यादाओं का पालन करते हुए पति-पत्नी के मध्य प्रेम और सौहार्दपूर्ण काम संबंध एक सामान्य संबंध है, जिनके द्वारा एक स्वस्थ नई पीढ़ी जन्म लेती है। मगर जब इसमें व्यभिचार होने लगे या यह मनोरंजन का साधन बन जाए, सारी सोच इसी के इर्द-गिर्द घूमने लगे, लोग विवाह की सीमा लाँघकर, संबंध रखने लगें तो ये ही संबंध वासना और बीमारी बनकर इंसान के पतन का कारण बनते हैं। ऐसा होना उस इंसान, उसके परिवार, साथ ही पूरे समाज के लिए घातक होता है।

बुराई की जड़ कहाँ पर है

काम के बारे में लोग दो मान्यताओं में जीते आए हैं। कुछ लोगों ने कहा, 'काम पवित्रता है, इसमें कोई बुराई नहीं।' कुछ ने कहा, 'यह बुरा है, पाप है, इंसान के पतन का कारण है।' वास्तव में ये दोनों ही लेबल ग़लत हैं। क्योंकि यह एक सामान्य, नैसर्गिक क्रिया है, जिसमें अच्छे या बुरेवाली कोई बात ही नहीं है। आपको भूख लगती है आप खाना खाते हैं। आपको नींद आती है तो आप सो जाते हैं। उस समय यह तो नहीं सोचते कि खाना अच्छा है या बुरा, सोना पवित्र है या पाप...। ये उदासीन क्रियाएँ हैं। इसी तरह काम भी सहज (न्यूट्रल) है, उस पर अच्छे-बुरे का लेबल नहीं लगाना चाहिए।

जब वासना इंसान के विचारों पर हावी हो जाए, उसकी विवेक शक्ति को ख़त्म कर दे, वह बस उसी के बारे में सोचता रहे तो यह भी एक बीमारी बन जाती है, जो मानसिक और शारीरिक पीड़ाएँ देती है। साथ ही अनेक अपराधों को जन्म देती है। इसके परिणामस्वरूप परिवार बिखर जाते हैं, लोगों की ज़िंदगी खराब हो जाती है। समाज में वासना की मार से गंभीर अपराध होने लगते हैं।

आज टी.वी., मीडिया, इंटरनेट, पत्र-पत्रिकाओं, विज्ञापनों आदि के द्वारा पैसा कमाने के लिए लोगों के सामने ऐसी बातें और दृश्य परोसे जा रहे हैं, जो उनमें वासना के विचारों को पैदा करते हैं। लोगों ने पैसे कमाने के लिए वासना का इतना प्रचार-प्रसार किया कि वासना का स्थान दिमाग हो गया। यही मूल ग़लती इंसान से हो गई है।

अब प्रश्न यह है कि काम के अच्छे या बुरे होने की बात उठी कहाँ से? हमारे जिन पूर्वजों ने ईश्वर प्राप्ति के लिए संसारी जीवन त्यागकर, संन्यासी जीवन अपनाया उन्होंने काम, वासना से बचने की शिक्षा दी, उसे वर्जित कहा मगर किनके लिए कहा? ऐसे साधकों के लिए जिन्होंने पूरी समझ के साथ संसारी जीवन को त्यागा और इंद्रिय सुखों को छोड़ा। जिन्होंने विचारों के स्तर पर ही वासना का त्याग कर दिया। जिन्हें संसार में अपनी भूमिका की समझ और स्पष्टता थी कि उनका शरीर संतान उत्पत्ति के लिए निमित्त बनने नहीं बल्कि मोक्ष प्राप्ति करने और दूसरों की चेतना

बढ़ाने आया है। संत ज्ञानेश्वर, स्वामी विवेकानंद ऐसे ही महान संन्यासी थे।

यहाँ पर ऐसा न समझें कि संन्यासी की भूमिका अच्छी और संसारी होकर बच्चे पैदा करने की भूमिका बुरी या निम्न है। किसी भी भूमिका को अच्छे या बुरे के दायरे में न बाँधें। कुदरत में हर भूमिका का अपना अलग महत्त्व है। संत ज्ञानेश्वर के माता-पिता यदि चार संत-संतानों को जन्म न देते, स्वामी विवेकानंद या आदि शंकराचार्य के माता-पिता उन्हें न जन्म देते तो संसार को ऐसी महान संत विभूतियाँ कैसे मिलतीं! मगर काम के प्रति सही समझ न होने के कारण कुछ लोगों ने इसे वर्जित करार दे दिया। ऐसे ही लोगों ने समाज में यह कहना शुरू किया कि काम निंदनीय कृत्य है, पाप है, नर्क का द्वार है...। कुछ लोग ऐसी मान्यताओं में उलझकर बिना किसी मानसिक तैयारी के, बिना समझ के ब्रह्मचर्य का पालन करने लगे और दूसरों से भी ज़बरदस्ती कराने लगे।

इस तरह ज़बरदस्ती भावनाओं का दमन करने से नतीजा यह हुआ कि आध्यात्मिक, धार्मिक जगहों पर भी व्यभिचार शुरू हो गया। सत्य के नाम पर, अध्यात्म के नाम पर लोगों ने भ्रष्टाचार फैला दिया क्योंकि मन पर और वृत्तियों पर कार्य नहीं हुआ था, सीधे इंद्रियों का दमन करने की कोशिश की गई। अध्यात्म के नाम पर बिना सही समझ दिए, बलपूर्वक इच्छाओं का दमन सिखाना ऐसा ही है, जैसे इंसान को एक खड्ढे से निकालकर, दूसरे खड्ढे में डालना।

वहीं दूसरी ओर कुछ लोग थे, जो खुद को बस शरीर मानकर ही जी रहे थे। उनके जीवन का उद्देश्य बस भोग-विलास द्वारा इंद्रियों की तृप्ति ही था। उन्होंने अपने स्वार्थपूर्ति के लिए वासना पर 'पवित्र' और 'अच्छा' जैसे लेबल लगाकर उसे स्वछंद बना दिया। मगर इस मनमर्जी के क्या-क्या दूरगामी दुष्परिणाम हो सकते हैं, इस पर उन्होंने कभी बात ही नहीं की। जो लोग इसी प्रकार से जीना चाहते थे, उन्होंने इसी धारणा को अपना लिया। उन्होंने अपनी वासना पर कभी समझ के साथ मनन ही नहीं किया कि 'यह इच्छा क्यों है, इसकी पूर्ति से लाभ होगा या लोभ, पूर्ण तृप्ति मिलेगी या असंतुष्टि और भड़केगी? इसका मेरे लक्ष्य, संबंधों और स्वास्थ्य पर क्या असर पड़ेगा...?'

वासना को दबाने या उसे अनियंत्रित पद्धति से भोगनेवाले, दोनों ही तरह के लोगों का अंत एक होता है कि वे अनेक मानसिक और शारीरिक समस्याओं में घिरकर कुंठाओं, ग्लानि, उदासी और निराशा के शिकार हो जाते हैं। ऐसे में वे घोर अपराध करने से भी नहीं चूकते।

आज के परिवेश में ख़बरदारी कैसे रखें

आज का परिवेश बहुत अलग है। बच्चे घर में ही रहकर शिक्षा प्राप्त करते हैं। सभी जगह माया फैली है। सभी के पास टी.वी., इंटरनेट, मोबाईल, सिनेमा जैसे आधुनिक मायावी साधन हैं, जिससे सभी के पास हर तरह की जानकारी पहुँच रही है। वह जानकारी उनकी उम्र, पात्रता को देखते हुए फ़िल्टर होकर नहीं पहुँच रही। ऐसे विज्ञापन देखने, सुनने, पढ़ने की सामग्री सर्वत्र उपलब्ध है, जो लोगों में, टीनएजर्स में वासनामय विचारों को बढ़ावा देकर, उनकी लालसा (क्रेविंग) बढ़ाते हैं।

ऐसे में आपको स्वयं ही अपने लिए समझ के फ़िल्टर लगाने होंगे। ख़ुद की ख़बरदारी रखनी होगी ताकि आपकी आध्यात्मिक प्रगति बाधित न हो। आप और आपके प्रियजन ग़लत मार्ग पर न भटकें। इसके लिए आपको अगले पन्ने पर दिए गए उपायों पर अमल करना होगा।

प्रेम नियम को जीवन में उतारने के लिए क्या आप यह कर पाएँगे?

- *वासना के विचारों को हवा देनेवाले स्रोतों पर अंकुश लगाएँ। स्वयं को ऐसे दृश्य, श्रव्य या पठन सामग्री से बचाएँ, जो आपमें वासना को बढ़ाते हैं। सही समझ के साथ आप जानेंगे कि जैसे वासना के विचार बढ़ाने के लिए आप ही निमित्त बनते हैं, वैसे ही इसे कम करने या अपने अधीन करने के लिए भी आपको ही प्रयास करना होगा।*
- *सही संघ का चुनाव करें। इंसान पर संगति का असर सबसे ज़्यादा होता है। उच्च चेतना का संघ (मित्र) बनाएँ, जहाँ से आपको सत्यावी विचारों की ही प्रेरणा मिले।*
- *हमारा मन हमारा मालिक नहीं, नौकर है। हम उसे जैसा चाहे बना सकते हैं। जो मन ग़लत जानकारी देख-सुनकर वासना में भटकता है, वही मन सत्य का श्रवण, पठन, मनन कर सत्य की राह पर भी चल सकता है।*
- *यदि शरीर में वासना के विचार चल रहे हैं तो उन्हें अलगाव के साथ देखें। उनके साथ बह न जाएँ। साक्षी भाव से अलगाव (ध्यान साधना) के साथ देखने पर उन विचारों की शक्ति कम होगी। आप उनकी असलियत जान पाएँगे कि बाकी विचारों की तरह ही लस्ट के विचार भी मात्र विचार हैं, जो शरीर से बस गुज़र रहे हैं।*

- दरअसल लस्ट के विचारों से आपका लगाव ही उन्हें इतनी ताक़त देता है कि वे आपके मन-मस्तिष्क पर हावी होकर, आपकी विवेक बुद्धि हर लेते हैं। इस लगाव को हटाते ही लस्ट भी ध्यान बन जाएगा, वासना- उपासना करवाएगी।
- वासना से मुक्ति का मूल समाधान है यह समझ कि 'मैं शरीर नहीं हूँ।' इस होश में रहने पर आप लस्ट में नहीं उलझेंगे। अतः जब भी लस्ट का वार हो, पहले राम पर स्थापित हों। जब आप ख़ुद को ठीक से जान पाएँगे तब ही समझ पाएँगे कि 'मेरे शरीर का उपयोग किस तरह हो? उसमें लस्ट के विचार होने चाहिए या मुक्ति के? क्या होना ज़्यादा श्रेष्ठ एवं फ़ायदेमंद है?' स्वयं को याद दिलाएँ कि आपका शरीर किस उच्चतम लक्ष्य को पाने की संभावना रखता है ।
- मान लीजिए, किसी ख़ास इंसान को देखकर, आपमें लस्ट के विचार जगते हैं तो स्वयं को याद दिलाएँ कि जैसे आप शरीर नहीं हैं, वह भी शरीर नहीं है । उसमें भी उसी एक सेल्फ़ (ईश्वर) का दर्शन करें।

इस तरह अपनी शुभ-इच्छा में बल लाएँ कि 'मैं मुक्त होना चाहता हूँ ताकि सच्चे प्रेम, आनंद, मौन का जीवन जीकर दूसरों के लिए मुक्ति का कारण बन सकूँ।' ऐसा इस वजह से नहीं करना है कि वासना बुरी है या इसे बुरा कहते हैं बल्कि तेजप्रेम (प्रेम और नफ़रत के पार जाने) के लिए आप यह करें।

अध्याय 15

क्या प्रेम में ईर्ष्या होना ज़रूरी है

ईर्ष्या का फंदा

स्वयं से प्रेम करना आजीवन रोमांस की शुरुआत है।

– ऑस्कर वाइल्ड

इतिहास में राजगद्दी की ईर्ष्या हमेशा से रही है। आज तक जितने भी युद्ध हुए, उन सभी के मुख्य कारण ईर्ष्या की भावना थी। अगर बहुत पुरानी घटना का उदाहरण देखें तो महाभारत का युद्ध है। चक्षुहीन होने की वजह से धृतराष्ट्र को राजगद्दी नहीं मिली। हालाँकि बड़े भाई होने के नाते वे ही राजगद्दी के हकदार थे मगर उन्हें अपना अंधापन उतना बुरा नहीं लगा जितना राजगद्दी न मिलना। यही ईर्ष्या की भावना आगे चलकर उन्होंने अपने बच्चो में भी कूट-कूटकर डाली जो आख़िर में युद्ध का कारण बनी।

राजगद्दी के लिए महाभारत से लेकर आज तक जितने भी युद्ध हुए हैं, उनमें औरंगज़ेब जैसे लोगों ने तो अपने पिताजी को भी बंदी बनाया, भाइयों को भी मरवा दिया। कई बार तो इस भावना की वजह से अच्छे

लोग भी निर्दयी बनते हुए देखे गए हैं। राजा अशोक इस बात का उदाहरण हैं। ऐसे राजा यह अनुमान लगा लेते हैं कि अगर राजगद्दी सँभालनी है तो साजिश करनेवाले लोगों को ख़त्म करना चाहिए, वरना भविष्य में ये रिश्तेदार मुसीबत का कारण बन जाएँगे।

हर इंसान को अपने जीवन में यह बात सोचनी चाहिए कि 'मैं जीवन में जो काम कर रहा हूँ, उसी काम के द्वारा दुनिया मुझे याद रखेगी।' आज लोग औरंगज़ेब, धृतराष्ट्र और हिटलर को कैसे याद करते हैं? यदि आप इस तरह याद किया जाना नहीं चाहते तो सोचें कि जीवन में ऐसा क्या हो सकता है कि हम सही निमित्त बन पाएँ? राजा अशोक ने ऐसा ही सोचा और तलवार फेंक दी। वे संसार में भगवान बुद्ध के संदेशों को पहुँचाने के लिए निमित्त बने। अगर किसी इंसान को मनन द्वारा ऐसी समझ मिले तो वह नकारात्मक ईर्ष्या से मुक्त हो सकता है।

ईर्ष्या के झूठे लाभ

कई लोगों को ईर्ष्या करने से सुकून मिलता है लेकिन खुजलाने से भी इंसान को अच्छा लगता है तो क्या आप खुजलाना जारी रखेंगे? यह तो अज्ञान है। इंसान को पहले तो अच्छा लगता है मगर आगे खुजलाहट बढ़कर चर्म रोग बन जाती है। ऐसा महँगा सौदा न करें।

एक अपराधी ईर्ष्यावश किसी का खून करता है तो उस वक़्त उसे अच्छा लगता है। वह अपराधी 'अच्छा लगने' की यह भावना जारी रखता है। बाद में जब उसे बोरडम आता है तो वह सोचता है कि कुछ और बड़ा अपराध करें, जिससे और उत्तेजना आए। मगर अपराध आख़िर अपराध ही है, फिर चाहे वह इंसान को कितना भी अच्छा लग रहा हो। इसमें यदि अपराधी अपने आपसे ईमानदारी से यह सवाल पूछे कि 'अपराध करने से मैं कहाँ पहुँचनेवाला हूँ? और अपराध करने के अलावा क्या 'अच्छा लगने' के और अलग तरीक़े हो सकते हैं?' तो उसे अलग दिशा मिल सकती है। वह डाकू रत्नाकर से वाल्मिकी ऋषि बन सकता है।

इंसान को काम करने की प्रेरणा और वजह चाहिए। अज्ञान की वजह से इंसान कई बार ग़लत काम करने को, वजह या प्रेरणा बनाता है। किसी को नकली शान दिखाने के लिए, किसी ने उसे चोट पहुँचाई तो उससे

बदला लेने के लिए वह ग़लत काम करता है। यदि इंसान सही कारण ढूँढ़े व मनन करे तो उसे 'अच्छे बनने और प्रेरणा प्राप्त करने' के कई और कारण मिल जाएँगे। यह सब कुछ मनन करने से होगा। इससे आप भविष्य में एक ऐसी आदत का निर्माण करेंगे जो नफ़रत को ख़त्म करेगी।

कुछ अज्ञानियों द्वारा कहा जाता है कि 'प्रेम में ईर्ष्या होना ज़रूरी है। अगर प्रेम में ईर्ष्या नहीं है तो वह सच्चा प्रेम नहीं है।' लेकिन यह ग़लत है। यह इस बात पर निर्भर करता है कि इंसान प्रेम को किस प्रज्ञा से समझ रहा है। प्रेम और ईर्ष्या को एक साथ समझते हुए पहले आप अपने प्रेम की परिभाषा को परखें। आपके प्रेम की परिभाषा क्या है, यह देखें। हर एक के प्रेम की परिभाषा अलग-अलग है। प्रेम शब्द भी कहा जाता है और तेजप्रेम शब्द भी कहा जाता है। इसे नीचे दिए गए उदाहरण से समझें।

एक इंसान जो व्यापारी (बिज़नेसमेन) है वह दूसरे व्यापारी को सलाह देता है कि 'तुम व्यापार करने जा रहे हो तो इतना-इतना कपट करना, तुम्हें ज़्यादा पैसे कमाने हैं तो ये-ये प्रयोग करना।' इस तरह उस व्यापारी ने जो सीखा है वही सलाह वह नए व्यापारी को देगा। इस उदाहरण में आप कहेंगे कि पहले व्यापारी को उस दूसरे व्यापारी से प्रेम है इसलिए उसने ऐसी सलाह दी, तो आप इसे किस तरह का प्रेम कहेंगे? प्रेम के नाम पर वे असत्य की राह दिखाने लगते हैं, जहाँ जिस पर चलकर इंसान का भविष्य में नुकसान ही होनेवाला है। यह सच्चा प्रेम नहीं है।

ऐसा अकसर बच्चों के साथ होते हुए देखा गया है। माता-पिता एक ही बच्चे पर ज़्यादा ध्यान देते हैं तो जिन्हें ध्यान नहीं मिल रहा है वे बच्चे चाहते हैं कि उनके माता-पिता जिस बच्चे पर ध्यान दे रहे हैं, उसकी हानि हो जाए। ऐसे बच्चे ईर्ष्या, नफ़रत और द्वेष की भावना द्वारा माँ-बाप का ध्यान अपनी ओर खींचते हैं। इसका अर्थ ऐसा नहीं है कि यह सही है। बच्चे को जब समझ मिलती है तब वह माँ-बाप से वार्तालाप करके उनका ध्यान प्राप्त कर सकता है।

अतेज प्रेम में ही ईर्ष्या की ज़रूरत महसूस होती है क्योंकि वह प्रेम खोखला है, अपाहिज है। अतेज प्रेम शंकाओं और शर्तों से भरा हुआ होता है। अतेज प्रेम में लोगों को बाहर से ध्यान (अटेन्शन) की आवश्यकता पड़ती है, जिस वजह से वे ईर्ष्या का सहारा लेते हैं मगर

अतेज प्रेम जल्द ही टूट जाता है क्योंकि वह ग़लत कारणों से होता है। तेजप्रेम में ऐसी आवश्यकता नहीं है क्योंकि वह अपाहिज नहीं बल्कि अपने आपमें पूर्ण है।

आइए अब प्रेम को अहंकार, स्वार्थ और तुलना जैसे विकारों से मुक्त करना सीखें अगले खण्ड में।

प्रेम नियम को जीवन में उतारने के लिए क्या आप यह कर पाएँगे?

एक भाई-बहन में बहुत झगड़े होते थे। भाई अपनी बहन पर मालिकीयत जताता था। उसे अपनी सहेलियों से बात करने नहीं देता था। हमेशा उस पर नज़र रखता था। उसे मारता भी था।

प्रेम नियम की समझ मिलने के बाद उसे पहली बार समझ में आया कि सच्चा प्रेम यानी मालिकीयत जताना नहीं है बल्कि सामनेवाले को आज़ादी देना है। यह समझने के बाद उसने अपनी बहन से 'क्षमा' माँगी। भाई में आए बदलाव को देखकर बहन बहुत ख़ुश हुई। उसने पहली बार अपने भाई को गले लगाया और कहा, 'भइया थैंक यू।' इस पर भाई ने उसे कहा, 'मेरे जीवन में रहने के लिए तेरा धन्यवाद। थैंक यू फ़ॉर बींग इन माय लाइफ़।' इस तरह भाई-बहन ने प्रेम नियम और क्षमा के जादू को अपने जीवन में लाकर, अपने रिश्ते को प्रेममय बनाया।

खण्ड 5

अहंकार, स्वार्थ और तुलना का परदा

विकार मुक्त प्रेम

प्रेम नियम वाक्य

'जो देने से मिले, लेने से घटे।
जो बिन फ्रेम प्रेम है,
वही प्रेम नियम है।'

अध्याय 16

अहिंसा और प्रतीक्षा का मेल कराएँ

अहंकार में अटका प्रेम

प्रेम का मार्ग बहुत सँकरा होता है, उसमें दो लोग एक साथ नहीं चल सकते। यदि अहं रहता है तो हरि नहीं रह सकता, यदि हरि है तो अहं नहीं रह सकता।

– कबीर

प्रेम में यदि खरा उतारना हो तो अहिंसा को ऊपर रखें और अहंकार को नीचे। इसके विपरित यदि अहंकार ऊपर आकर अहिंसा को नीचे कर दे तो प्रेम नकली हो जाता है। सत्य की आग और विकारों के त्याग से सच्चा प्रेम निखरता जाता है। प्रेम के प्रति आपकी समझ जितनी बढ़ती जाएगी, आप उतने क्षमाशील होते जाएँगे और धीरे-धीरे अहंकार की बाजू घिसकर, उस पर भी आपको अहिंसा की ही छाप दिखाई देने लगेगी।

इंसान अहंकार के कारण झुकना पसंद नहीं करता। अकसर देखा गया है कि अहंकार के कारण ही रिश्तों में प्रेम ख़त्म हो जाता है, प्रेम की मौत होती है। आइए, इसे एक कहानी से समझें।

काफ़ी समय पहले की बात है, एक टापू पर सभी भावनाएँ जैसे

ख़ुशी, प्रेम, आनंद, शांति, धीरज, अहंकार, ईर्ष्या, नफ़रत , द्वेष इत्यादि एकता के साथ ख़ुशी से रहा करते थे। एक दिन समुंदर में बहुत तेज़ तूफ़ान आया। लहरें काफ़ी उँची उठने लगीं। साथ ही तेज़ बारिश भी होने लगी। तूफ़ान इतना तेज़ था कि उस टापू के सारे पेड़-पौधे उखड़ने लगे। देखते ही देखते टापू डूबने लगा। यह देखकर सारी भावनाएँ परेशान हो गईं और अपने बचाव के लिए रास्ता खोजने लगी।

कुछ समय बाद इन्हें बचाने हेतु प्रेम की भावना एक नाव लेकर आ गई। यह देखकर सभी भावनाओं को राहत मिली और प्रेम के कहने पर वे एक-एक करके उस नाव पर सवार हो गईं। मगर एक भावना उस नाव पर नहीं चढ़ी। प्रेम नाव से नीचे उतरकर उस भावना को ढूँढ़ने निकल पड़ा। उसने कुछ दूरी पर एक भावना को कोने में खड़ा पाया। यह भावना थी, अहंकार।

प्रेम ने अहंकार को नाव पर सवार होने के लिए कहा मगर अहंकार प्रेम की बात मानने को तैयार नहीं था। तूफ़ान बढ़ता जा रहा था। यह देखकर सभी भावनाओं ने प्रेम को नाव पर आने के लिए पुकारा। मगर वह अपने प्रेम के गुण क़ी वजह से अहंकार को अकेले छोड़ने को तैयार नहीं था। वह अपनी आख़िरी साँस तक अहंकार को बचाने में लगा रहा। अंत में पूरा टापू डूब गया और उसके साथ प्रेम और अहंकार भी डूब गए। दोनों की मौत हो गई। इस तरह अहंकार की वजह से प्रेम को भी मरना पड़ा। अहंकार प्रेम की बात भी नहीं सुनता। इस कहानी से यह सबक मिलता है कि अहंकार को छोड़कर प्रेम बचाना चाहिए। प्रेम तब प्रेम है जब वह अहंकार का त्याग करता है। क्योंकि अहंकार रखनेवाला ख़ुद का तो नुकसान करता ही है, साथ ही प्रेम करनेवालों को भी दुःख पहुँचाता है।

प्रेम के फ़्री-फ्लो में अहंकार की छाप मिटानी हो तो पहले अपने स्वभाव को ग़लत मान्यताओं से मुक्त करें। इसके लिए अपने आपको लचीला बनाए रखें। प्रेम में हठयोग का कोई काम नहीं है। सिकुड़े हुए, कठोर (रिजिड) लोग नवीनता को स्वीकार नहीं कर पाते और न ही अपने आपको नवीनता में ढाल पाते हैं। वे तो बस अपने अहं के साथ अपनी मान्यताओं और धारणाओं की गठरी साथ में लिए घूमते हैं। ऐसे लोग न प्रेम दे सकते हैं और न ही प्रेम ले सकते हैं।

अतः आप गठरी उतारकर हलके हो जाएँ, स्वीकार के लिए तैयार रहें। प्रेम आपकी तरफ ही आ रहा है, बस उसका मार्ग खुला रखकर उसे अपने जीवन में प्रवेश करने का अवसर दें। हम केवल प्रतीक्षा कर सकते हैं। इस प्रतीक्षा के दौरान मन में कोई शक या शर्त नहीं बल्कि विश्वास और स्वीकार भाव होना चाहिए।

वैसे तो प्रतीक्षा की कोई हद नहीं है इसलिए जब आप बेशक, बेशर्त होकर प्रतीक्षा करेंगे तभी प्रेम प्राप्त करने की उच्चतम अवस्था में आ जाएँगे। लेकिन यह तभी हो पाएगा जब आप शारीरिक स्तर पर नहीं बल्कि आंतरिक स्तर पर यह परिवर्तन प्राप्त कर पाएँगे। इंद्रिय प्रेम से दूर रहेंगे। अपनी इंद्रियों को प्रकट करने और लुप्त रखने का कछुए का कौशल सीख जाएँगे। जब यह अवस्था आपका स्वभाव बन जाएगी तब उसी क्षण प्रेम की प्रतीक्षा समाप्त होगी क्योंकि तब तो आप स्वयं ही प्रेम बन जाएँगे।

प्रेम का दूसरा अर्थ है, त्याग। यह त्याग है अहंकार का, अहं भाव का। हमारे प्रेम में सबसे बड़ी समस्या हम स्वयं हैं अर्थात हमारा अहं है। जब यह अहं आड़े आ जाता है तब वही होता है, जैसे गेंद अंतिम गोल में जाते-जाते हाथ अकड़ जाता है। इसे एक उदाहरण से समझेंगे।

बच्चों का एक खेल होता है, जिसमें एक पारदर्शी बक्से में एक के अंदर एक प्लास्टिक के बने कई गोल होते हैं और लोहे की चार-पाँच

बिलकुल छोटी गोलियाँ होती हैं। हर एक गोल में प्रवेश करने का मार्ग एक-दूसरे से विरुद्ध दिशा में होता है। और हमें एक-एक गोल पार करते हुए उन सभी गेंदों को अंतिम गोल में ले जाना होता है। कई बार गेंद अंदर जाते-जाते फिर बाहर आ जाती है। कुछ गेंद अंदर जाती हैं, कुछ बाहर ही रहती हैं। तो हमें यह देखना होता है कि हम कहाँ ग़लती कर रहे हैं? गोलों पर दृष्टि बनाए रखनी होती है। हाथों

पर नियंत्रण रखना होता है। बक्से को सही कोनों में और सही समय पर हिलाना होता है ताकि हम सभी गेंदों को अंतिम गोल में पहुँचा सकें। बच्चे तो बच्चे लेकिन बड़े भी इस खेल में घंटों लगे रहते हैं। समझने की कोशिश करते हैं कि किस प्रकार हाथ हिलाने से, किस कोने में बक्से को हिलाने से गेंद अंदर जाती है और क्या ग़लती होने पर गेंद बाहर आ जाती है। गति थोड़ी कम हो तो भी गेंद बाहर और गति थोड़ी अधिक हो तो भी गेंद बाहर। जब गति का अंदाज़ा हो जाता है तब वह ग़लती नहीं दोहराते। अपनी दृष्टि, अपने हाथों को नियंत्रित करके एक-एक गेंद को अंदर ले जाते हैं।

उसी तरह जब प्रेम में इंसान अपने अहं भाव को छोड़ने के लिए तैयार नहीं होता तब प्रेम की गेंद अंतिम गोल में प्रवेश ही नहीं कर पाती और रिश्ता बनते-बनते बिगड़ जाता है। हम अपनी उम्मीदों से, अपेक्षाओं से अपने आसपास के लोगों के लिए सीमाएँ (लिमिटेशन्स) डाल देते हैं। मगर जब वे आसपास के लोग ही उन सीमाओं को तोड़ने लगते हैं, हमारी अपेक्षाओं को भंग करने लगते हैं तब रिश्तों में नाराज़गी आ जाती है और रिश्ते टूटने लगते हैं।

दरअसल अज्ञान के कारण ही रिश्तों में कभी नाराज़गी होती है तो कभी ब्लैकमेलिंग। ग़लत अनुमान लगाकर, हम ग़लत को सही मानकर चलते रहते हैं इसलिए उसे कभी ठीक नहीं कर पाते क्योंकि सही देख नहीं पाते। अगर सही देख पाएँ तो सही समझ पाएँगे और जब सही समझ पाएँगे तब सही कर पाएँगे क्योंकि समझने और करने में कोई अंतर नहीं होता। अगर सच में किसी बात की समझ आ जाए तो उसके अनुसार क्रिया अपने आप आरंभ हो जाती है। परंतु इसके लिए पहले अकड़ छोड़नी होगी, स्वयं को शर्तों से मुक्त रखना होगा। हमारे प्रेम में कोई शर्त न हो, प्रेम बेशर्त हो। प्रेम देना और प्रेम लेना, दोनों ही मार्ग अगर उम्मीदों, शर्तों और अहं से मुक्त हों तो हमारे अंदर का प्रेम मुक्त होकर बहने लगेगा।

असली अहंकार की मृत्यु की मिसाल – शमा और परवाना

एक प्रसिद्ध शेर है, 'शमा जलती है तो परवाने चले आते हैं, सिर के बल इश्क के दीवाने चले आते हैं।' परवाने का शमा से प्रेम एक मिसाल है। उसका प्रेम विशुद्ध है, वह भक्ति है। इसीलिए परवाने को जलने की भी

परवाह नहीं होती। उसे परवाह होती है सिर्फ़ शमा की। यह सेल्फ़ की शमा है। जिसके प्रति परवाना पूर्णतः समर्पित होता है। उसके लिए वह सिर के बल भी दौड़कर आ सकता है। सिर प्रतीक है अहंकार (तोलू मन) का। प्रेम में ही यह संभव है कि कोई सिर को झुकाकर बाकी सारी बातों, चिंताओं, अपेक्षाओं, कामनाओं, आकर्षणों को पीछे छोड़कर दौड़ा चला आए।

असली घटना तभी घटती है जब परवाना शमा के संपर्क में आकर जल जाता है। यह जलना व्यक्ति (अलग मैं) का जलना होता है। अलग 'मैं' के ख़त्म होते ही परवाने (भक्त) और शमा (सेल्फ़) का भेद मिट जाता है। इसके लिए कहा जाता है, 'शमा-परवाना एक हो गए।' यानी किसी का कोई अलग अस्तित्त्व ही नहीं रहा। जलनेवाला और जलानेवाला दोनों एक हो गए।

प्रेम में परवाना जब समर्पित होता है तब उसका मृत्यु का भी डर समाप्त हो जाता है। क्योंकि उसके लिए मृत्यु शरीर की मृत्यु नहीं बल्कि अहंकार की मृत्यु है और वह तो स्वयं ही अहंकार से मुक्ति चाहता है। प्रेम ने मृत्यु के सामने सीता, प्रह्लाद, मीराबाई, संत सुकरात, ईसा मसीह आदि को निर्भय बनाया। ऐसे में कबीर दासजी कहते हैं कि 'लोग मरने से डरते हैं क्योंकि वे अपना अस्तित्त्व नहीं खोना चाहते। मगर मेरे लिए तो यह आनंददायी क्षण है क्योंकि अहंकार (अलग मैं) के मरने पर ही उस पूर्ण परमानंद (सेल्फ़) को पाया जाता है।'

'प्रेम गली अति सँकरी, तामें दोऊ न समाई।
जब मैं था तब हरि नहीं, अब हरि है मैं नहीं।'

जिस मन में प्रेम को स्थापित करना हो, वहाँ अहंकार जैसी किसी दूषित भावना के लिए कोई स्थान ही नहीं होता और जहाँ अन्य भावना, विकार उपस्थित हों, वहाँ प्रेम का प्रवेश हो ही नहीं सकता। विकारों की भीड़ में सच्चा प्रेम सिकुड़ जाता है। सच्चा प्रेम, विकसित होता है केवल एक स्वच्छ, सुंदर मन में। इसलिए प्रेम को स्वार्थ जैसी तुच्छ भावना से भी मुक्त रखना सीखें।

प्रेम नियम को जीवन में उतारने के लिए क्या आप यह कर पाएँगे?

एक इंसान की शादी को बीस साल हो चुके थे। उसकी पत्नी वकील थी। पंद्रह साल से वह वकालत करते हुए घर को सँभाल रही थी। उस इंसान को पत्नी के बारे में लगता था कि वह वकालत करते हुए घर का काम-काज देखती है तो इसमें कौन सी बड़ी बात है? इसमें उसके प्रति धन्यवाद-ज्ञापन करने की क्या ज़रूरत है, यह तो उसका कर्तव्य है। मगर जब उसका दृष्टिकोण व्यापक हुआ तब धन्यवाद के भाव से उसका दिल भर आया। उसे म हसूस हुआ कि पत्नी वकालत करते हुए घर की सारी ज़िम्मेदारियाँ निभा रही है, इस कारण वह बेफ़िक्र है। बच्चों की देखभाल करना, उन्हें स्कूल में समय पर भेजना, स्कूल से लेकर आना, सभी का टिफिन बनाना, ऐसे बहुत सारे काम होते हैं, जिनकी उसे चिंता नहीं करनी पड़ती थी। पति को पहली बार लगा कि 'वास्तव में मुझे अपनी पत्नी को कितने धन्यवाद देने चाहिए!' इस सोच के साथ उनमें वार्तालाप हुआ जिससे दोनों के बीच बनी शीशे की दीवार पूरी तरह से ढह गई और उनका जीवन आनंदमय हो गया।

अध्याय 17

प्रेम को स्वार्थ से मुक्त रखें

सीमित सोच में अटका प्रेम

अगर हमें पता चले कि हम जो भी कहना चाहते हैं,
उसे कहने के लिए हमारे पास सिर्फ पाँच मिनट ही बचे हैं,
तो हर टेलीफ़ोन बूथ पर लोग दूसरों को यही कहेंगे कि वे उनसे प्रेम करते हैं।

– अज्ञात

घने और बड़े जंगल में एक आदमी ने शेर के पैर से, जो पीड़ा की वजह से लेटकर कराह रहा था, काँटा निकाला। कुछ दिन बाद किसी ग़लतफ़हमी की वजह से वह इंसान राजा के जेल में पहुँचा और उसे भूखे शेर के सामने डाल दिए जाने की सज़ा मिली।

सारी प्रजा के सामने भूखे शेर को लाया जाता है। पिंजरा खोल दिया जाता है और वह शेर उस आदमी पर लपकता है। मगर जैसे ही शेर आदमी के नज़दीक जाता है तो बड़े प्रेम से उसके पैर चाटने लगता है। वहाँ बैठे सभी दर्शकों और राजा के लिए यह बहुत बड़ा आश्चर्य था। पूछताछ करने पर राजा को हकीकत मालूम पड़ी। अपनी जान की परवाह न करके भी जो करुणावश शेर की पीड़ा नहीं देख पाया, ऐसा इंसान कैसे बुरा काम कर सकता है, यह सोचकर राजा ने उसे इनाम देकर छोड़ दिया।

यह है निःस्वार्थ प्रेम का परिणाम। जब उस इंसान ने शेर के पैर से काँटा निकालने का कर्म किया था, तब उसे पता भी न था कि इसका क्या परिणाम आनेवाला है। उसने निःस्वार्थ भाव से वह कार्य किया। कितना छोटा सा दिखनेवाला कार्य था मगर एक बड़े परिणाम के रूप में सामने आया।

हम अगर रिश्तों को भी स्वार्थ की नज़र से देखते हैं तो उसका भी दुःखद फल हमें मिलता है। वैसे हर कोई ऐसा जीवनसाथी चाहता है, जो सर्वगुण संपन्न हो। जिस पर वे गर्व कर सकें। लेकिन अगर उन्हें ज़रा सा भी शक हो कि उनके जीवनसाथी को कोई और भी चाहता है तो यह बात उनसे अपराध तक करवा देती है। क्योंकि उनके मन में यह डर होता है कि कहीं उनका जीवनसाथी उन्हें छोड़कर किसी और के पास न चला जाए। अगर ऐसी सोच कोई रखता है तो समझ जाएँ कि प्रेम की नींव ही कच्ची है, इसमें स्वार्थ भरा हुआ है, इसमें विश्वास ही नहीं है। लोगों को ऐसी सोच रखना ग़लत नहीं लगता क्योंकि उनकी मान्यता के अनुसार वे सच्चा प्रेम कर रहे हैं मगर यह सच्चा प्रेम नहीं है।

यही बात पति-पत्नी, भाई-बहन और मित्रों के रिश्तों में भी होती है। पति चाहता है कि पत्नी बिना अपनी इच्छा बताए उसकी सेवा करे, पत्नी चाहती है कि पति उसकी सारी ज़रूरतें ख़ुद समझकर पूरी करे। बहन चाहती है कि भाई उसकी हाँ में हाँ मिलाए, भाई चाहता है कि बहन उसकी हर बात मान ले। इनमें से किसी भी प्रेम को नि:स्वार्थ प्रेम नहीं कहा जा सकता।

माँ-बाप का प्रेम नि:स्वार्थ होता है लेकिन कई बार माँ-बाप अपने बच्चों को अपनी जायदाद समझते हैं। बच्चों का मार्गदर्शन करना अच्छा है लेकिन प्रेम के नाम पर अपने विचार, अपने निर्णय बिना उन्हें समझे, उन पर थोपना उचित नहीं है। माता-पिता समाज में अपने बच्चों को अपनी प्रतिष्ठा का प्रतीक बनाना चाहते हैं। वे यह भी चाहते हैं कि बड़े होकर बेटा पत्नी की कम, उनकी देखभाल ज़्यादा करे। बेटी सदा उनकी सुने। उन्हें लगता है कि वे ऐसा इसलिए करते हैं क्योंकि उन्हें अपने बच्चों से प्रेम है लेकिन इसे असली प्रेम नहीं कहा जा सकता।

कई माँ-बाप कहते हैं कि वे जो भी करते हैं, अपने बच्चों की भलाई के लिए ही करते हैं। बच्चे जब छोटे होते हैं तब वे अपने बच्चों को कुछ

बातें इसलिए सिखाते हैं ताकि समाज में उनकी प्रतिष्ठा बढ़े। बाद में जब वही बच्चे बड़े होकर अपना विकास करने की सोचते हैं, अपना लक्ष्य प्राप्त करने हेतु माँ-बाप से कहीं दूर जाने की सोचते हैं तो माँ-बाप को बुरा लगता है। उन्हें यह चिंता सताने लगती है कि बच्चे दूर चले जाएँगे तो बुढ़ापे में उनकी देखभाल कौन करेगा। तब माँ-बाप को अपनी ज़रूरतों के आगे बच्चों के विकास की परवाह नहीं होती और ऐसा सोचना उन्हें ग़लत भी नहीं लगता क्योंकि वे इसी को सच्चा प्रेम मानते हैं लेकिन यह सच्चा प्रेम नहीं है।

कुछ लोग तो चाहते हैं कि उन्हें केवल लड़का ही हो। वे लड़की चाहते ही नहीं क्योंकि उनकी सोच सीमित होती है। वे सोचते हैं कि बुढ़ापे में लड़का उनकी देखभाल करेगा लेकिन लड़की तो पराया धन होती है। एक दिन वह ससुराल चली जाएगी फिर बुढ़ापे में उनकी देखभाल कौन करेगा? कुछ लोगों को तो सिर्फ पुत्र प्राप्ति में ही अपनी प्रतिष्ठा दिखाई देती है और वे उस नकली प्रतिष्ठा के लिए इतने नीचे गिर जाते हैं कि होनेवाली संतान अगर लड़की हो तो उसे गर्भ में ही मार डालते हैं। अपने स्वार्थ के आगे उन्हें कुछ नज़र नहीं आता। ऐसे लोगों का सच्चे प्रेम से दूर-दूर तक कोई संबंध नहीं होता।

अकसर समाज में देखा जाता है कि अपने सगे-संबंधियों के गुज़र जाने पर इंसान अज्ञान, मोह व असुरक्षा की भावना के कारण जीवनभर दुःखी रहता है। यदि उस रिश्तेदार से प्रेम होता, न कि स्वार्थ होता और मृत्यु उपरांत जीवन का ज्ञान होता तो वह केवल अपने स्वार्थवश दुःखी नहीं होता।

जिस दिन इंसान को निःस्वार्थ जीवन का स्वाद मिलेगा, उस दिन से वह एक क्षण भी स्वार्थ में अटकना नहीं चाहेगा।

इंसान कुछ छोटे-छोटे निःस्वार्थ कर्म करते-करते बड़े मुकाम पर पहुँचता है, फिर वह उन छोटे-छोटे अच्छे कर्मों को करना बंद कर देता है, जिससे वह फिर से पहलीवाली अवस्था में पहुँच जाता है। इसलिए सदा यह जाँचते रहें कि जिस निःस्वार्थ भावों के कारण अच्छे परिणाम मिले हैं क्या मैंने उन्हें करना बंद कर दिया है? क्या मैं स्वार्थ में अटक गया हूँ? यदि जवाब 'हाँ' आए तो तुरंत पूर्व अवस्था में जाएँ, जहाँ से आपने शुरुआत की थी। जहाँ मन में किसी किस्म की कोई कथा नहीं थी, न ही कोई पूर्वाग्रह

था इसलिए इनसे निकलकर शुरुआती भाव को महसूस करें और कर्म करें। यकीन मानिए, निःस्वार्थ जीवन संतुष्टि की खान है।

आइए, अगले अध्याय द्वारा तुलना से मुक्त होकर स्वयं में एहसानमंदी का भाव जागृत करना सीखें।

प्रेम नियम को जीवन में उतारने के लिए क्या आप यह कर पाएँगे?

एक महिला की सास उस पर बहुत गुस्सा किया करती थी। सदा उसे उलटा बोलती थी, उसे जली-कटी सुनाती थी। बहू बेचारी बड़ी परेशान रहती थी। उसे समझ में नहीं आता था कि सास के मन में अपने प्रति किस तरह सद् भावना पैदा करे। प्रेम नियम की समझ मिलने के बाद उसने निश्चय किया कि 'आज मैं अपनी सास के साथ अपना रिश्ता सुधारूँगी।' घर जाकर वह सीधे सास की गोद में बैठी और सास से कहा, 'जब तक आप मुझे अपनी बेटी नहीं कहेंगी तब तक मैं आपकी गोद से नहीं उतरूँगी। आप मुझे बेटी कहें, मेरी माँ बनें, तभी मैं आपकी गोद से उतरूँगी वरना यहीं आपकी गोद में बैठी रहूँगी।' इस घटना ने सास के हृदय को झकझोरकर रख दिया। सास का दिल मोम की तरह पिघल गया। आधे घंटे तक दोनों गले लगकर रोती रहीं।

इस तरह एक छोटी सी क्रिया भी आपका जीवन बदल सकती है, रिश्तों में आई हुई दरार भर सकती है। इसका अर्थ यह नहीं है कि आप सदा माफ़ी ही माँगें। प्रेम बरकरार रखने के लिए सामनेवाले के गुणों की प्रशंसा भी करें, आपके जीवन में उन्होंने जो भी भले कार्य किए हैं, वे उन्हें बताएँ, उन्हें तोहफ़ा दें, उनके प्यार को याद रखें।

अध्याय 18

एहसानमंदी के भाव में बने रहें

तुलना में अटका प्रेम

जब आप कोई चीज़ दूसरों से छीन रहे हैं, तो वह संघर्ष है,
जब कोई चीज़ दूसरों को बेशर्त दे रहे हैं, तब वह असली प्रेम है।

'मेरे पास वह नहीं जो उसके पास है' ऐसी पंक्तियाँ अकसर हम कहते हैं या दूसरों को कहते हुए सुनते हैं। यह है तुलना का तोता जो हमारे भीतर बैठा है। इसे समझने के लिए एक उदाहरण से शुरुआत करते हैं।

यदि ईश्वर ने हिरनी को मन दिया होता और वह तुलना करती तो वह क्या सोचती? हिरनी के मन में विचार आता कि शेर का जीवन कितना अच्छा है। मेरा जीवन तो बेकार है। उसके पास कितनी शक्ति और आज़ादी है, मुझे तो हमेशा डर-डरकर जीना पड़ता है। ऐसे विचारों के कारण हिरनी अपना उछलना-कूदना भूल जाती और मायूस बैठी रहती। उसके द्वारा सेल्फ़ जो आनंद ले रहा था, जिस तरह खिलखिला रहा था, वह सब रुक जाता।

यही इंसान के साथ भी हुआ है। इंसान अपने जीवन की तुलना किसी और के जीवन के साथ करता है, जिस वजह से वह दुःखी रहता है। हर इंसान का जीवन दूसरे इंसान से अलग और विशेष है। हरेक को अपने

जीवन की विशेषता स्वतः खोजनी चाहिए। उसे मनन करना चाहिए कि 'क्या ईश्वर ने मुझे बनाकर ग़लती की है?' नहीं, 'तो ईश्वर ने मेरे जीवन को विशेष कैसे बनाया है?' कुदरत आपसे आपकी ओरिजनैलिटी चाहती है, आपको जैसा बनाया गया है वैसे रहें।

इंसान सदा दूसरों की तरह बनना चाहता है। वह दूसरों का जीवन जीना चाहता है। यदि किसी मोर को यह विचार आता कि 'कोयल कितना अच्छा गाती है। मुझे भी उसी की तरह गाना है।' इस विचार के चलते यदि वह अपनी विशेष आवाज़ को छोड़कर कोयल की तरह गाने की कोशिश करने लगे तो आप जानते हैं क्या होगा। हरेक मोर को इसलिए पसंद करता है क्योंकि वह मोर है। कोयल को इसलिए पसंद किया जाता है क्योंकि वह कोयल है। दोनों की आपस में तुलना की ही नहीं जा सकती। ठीक इसी तरह हर इंसान विशेष है। तुलना करके यदि आप दूसरे का जीवन अपनाने जाएँगे तो स्वयं कभी संतुष्ट नहीं रह पाएँगे। इसलिए आत्मविश्लेषण कर अपने अंदर की विशेषताओं को खोजें और उन्हें सराहें।

इंसान को जो चीज़ नहीं मिलती है, उसे उसी चीज़ का ज़्यादा आकर्षण होता है। दूसरे की थाली में क्या परोसा गया है? उसे देखकर इंसान हमेशा दुःखी होता है। उसे जो आसानी से मिला है वह कितना ख़ूबसूरत है, यह उसे कैसे समझाया जाए। यह समझाने के लिए ही कुछ रिश्ते आपके जीवन में आते हैं, जो आपको उसका दर्शन करवाते हैं।

जैसे एक लड़का बचपन से ही लोगों के बीच में रहता है। उस लड़के के आस-पास हमेशा कोई न कोई रहता है। दूसरी तरफ एक लड़की है, जो ज़्यादातर अकेली ही रहती है क्योंकि उसके माँ और पिताजी दिनभर ऑफ़िस जाते हैं। अब इन दोनों की जब शादी होती है तो वह लड़की अपने पति से कहती है, 'मेरे साथ रहो।' जबकि लड़का कहता है, 'क्या मुसीबत है। शादी से पहले भी लोगों के बीच में ही रहता था, अब भी वैसा ही है। मुझे थोड़ी आज़ादी चाहिए।' हालाँकि दोनों को अलग-अलग वरदान मिला था लेकिन उन्होंने अपने वरदान को अभिशाप समझकर दूसरी अति में जाना चाहा। सिर्फ समझ न होने के कारण ही वरदान अभिशाप बन जाता है।

इंसान को जो सहजता से मिलता है, उसके प्रति उसका आकर्षण समाप्त होता है। वह उसे वरदान नहीं लगता। कुदरत इंसान को इस बात

का एहसास करवाना चाहती है तो वह कैसे करवाए? जो मिल गया है उसकी ख़ूबसूरती समझने के लिए इंसान के पास समय ही नहीं है, इसमें उसे रुचि नहीं है। ऐसे में कुदरत उस इंसान के जीवन में कोई ऐसा इंसान भेजती है जिसे वह सब नहीं मिला, जो उसे मिला है। वह इंसान उसके लिए निमित्त, आइने का काम करता है। उस आइने में इंसान को अपने वरदान का दर्शन करना था परंतु इंसान यह समझ नहीं पाता। उलटा, उलटा सबक सीखता है।

सामनेवाला इंसान आपके अंदर जो सुप्त अवस्था में है, उसे जगाने के लिए आता है। कुदरत चाहती है कि हम दूसरों को देखकर अपने वरदानों की सराहना करें, हमें जो मिल चुका है उसे देखें मगर मन की वृत्तियों के कारण, कुदरत की यह ख़ूबसूरत व्यवस्था हमारे लिए फंदा बन जाती है। तुलना के शिकार होकर हम अपने जीवन में मिले वरदानों को खो देते हैं।

लोग सामनेवाले को जल्दी स्वीकार नहीं कर पाते। वे यही कहते हैं, 'सामनेवाला ऐसा करता है इसलिए ऐसा हुआ... वह मेरी सुनता ही नहीं... मुझे सहयोग ही नहीं करता...' आदि। ऐसे लोग सिर्फ ब्लेम गेम ही खेलते हैं। जब आपको यह स्पष्ट होता है तब आप सामनेवाले को एक नए दृष्टिकोण से देखते हैं।

आपने देखा होगा कि अकसर आपको दूसरों के घर का खाना पसंद आता है और दूसरों को आपके घर का। ऐसा क्यों होता है? कारण वही है कि हमें मिले वरदानों की अहमियत हम भूल चुके हैं।

इंसान तुलना करके अपने ख़ूबसूरत और प्रेम से भरे रिश्तों को भी ठुकरा देता है। तुलना के कारण प्रेम दब जाता है। उसकी नज़र दूसरों को मिल रहे प्रेम पर होती है। वह अपने रिश्तों की ख़ूबसूरती को समझ ही नहीं पाता। इस तुलना के चक्कर में वह ऐसी गलतियाँ कर बैठता है, जिस पर उसे पछताना पड़ता है।

कई माता-पिता अपने बच्चे की तुलना किसी और बच्चे से करते हैं। जैसे 'पड़ोसी का बच्चा पढ़ाई में कितना होशियार है... वह डॉक्टरी पढ़ रहा है... तुम तो पढ़ते ही नहीं, तुम्हें पढ़ाई में कोई रुचि नहीं है... वह जीवन में आगे जाएगा, तुम तो पीछे ही रह जाओगे' इत्यादि। उस वक़्त

माता–पिता यह भूल जाते हैं कि आपकी बिना वजह, बिना समझ की तुलना से बच्चे के मन में अपराध बोध की भावना जगती है, एक न्यूनता का भाव निर्माण होता है। बच्चों में दूसरों के बारे में ईर्ष्या पैदा होती है इसलिए तुलना के राक्षस को कभी भी अपने बच्चे के अंदर न आने दें। अपने बच्चों की मानसिकता का ज़रूर खयाल रखें।

एक साधारण बच्चा जो स्कूल में पढ़ाई कर रहा था, पढ़ाई में बिलकुल होशियार नहीं था। स्कूल के शिक्षक ने उसके माता–पिता से कहा, 'यह पढ़ाई में आगे नहीं आएगा, इसे स्कूल की पढ़ाई में बिलकुल रुचि नहीं है।' आगे चलकर वही बच्चा हज़ारों आविष्कार करता है, वह बच्चा था 'एडिसन'।

आइए, एक प्रयोग करते हैं। इस प्रयोग से आपको एहसानमंदी भाव का लाभ मिलेगा, जो आपके जीवन में अनेक सकारात्मक चीज़ें ले आएगा।

1. अपने साथ एक कलम और कुछ पेपर ले लें।
2. अब पेपर पर उन सभी के नाम लिखें, जिनसे आपका जीवन बेहतर है। उन लोगों को याद करें, जिन्हें देखकर आपको लगता है कि 'मेरा जीवन इनसे बेहतर है।'
3. जैसे कोई कहेगा, 'मेरे फ़लाँ रिश्तेदार से मेरा जीवन बेहतर है क्योंकि उसकी मानसिकता बहुत छोटी है... मेरा जीवन एक कचरा उठानेवाले से बेहतर है... फ़लाँ देश में रहनेवाले लोगों से बेहतर है... फ़लाँ शहर या गाँव में रहनेवालों से बेहतर है... पड़ोसी से बेहतर है... बिन माँ–बाप के बच्चों से बेहतर है... गरीबों से बेहतर है... बस चालक से बेहतर है... देश के नेता से बेहतर है...।' कोई भी नाम आपके सामने आ सकता है। जिन–जिन लोगों से आपको अपना जीवन बेहतर लगता है उनका नाम लिखते जाएँ। नाम पता न हो तो उनका पेशा या ओहदा, जो कुछ भी पता हो वह लिखें।
4. अच्छी तरह याद करके लिखें। हरेक के बारे में सोचें और लिखते रहें।

5. अब अपनी कलम को बाजू में रखें और देखें कि आपने कितने नाम निकाल लिए हैं।
6. अब स्वयं से पूछें, 'मेरा जीवन कुछ लोगों से बेहतर है या बहुत लोगों से बेहतर है या बहुत-बहुत-बहुत लोगों से बेहतर है?'
7. आपकी लिस्ट जितनी लंबी हो उसके अनुसार स्वयं को सच्चाई बताएँ।
8. अब स्वयं से पूछें, 'क्या मुझे तुलना करके निराश होने की आवश्यकता है? क्या आपको एहसानमंदी के भाव महसूस हो रहे हैं?' मनन करके स्वयं को सही जवाब बताएँ।

अच्छा यह है कि हम कुदरत की इस सुंदर व्यवस्था का लाभ लें। तुलना को सच्चे प्रेम में बाधा न बनने दें। दूसरों को अपनी ज़िंदगी का को-क्रिएटर (साझेदार/सहयोगी) समझें। उन्हें देखकर अपने वरदानों को याद करें। अपने रिश्तों की ख़ूबसूरती को खोजें। इस तरह सदा प्रेम-आनंद-मौन में रहें और अपने भीतर सच्चे प्रेम का दर्शन करें।

प्रेम नियम को जीवन में उतारने के लिए क्या आप यह कर पाएँगे?

एक लड़के के पिता बचपन में ही गुज़र गए थे। उसकी माँ बहुत हिम्मतवाली थी। उसने सारे घर की ज़िम्मेदारी अपने कंधे पर उठा रखी थी। वह निडर और कर्मठ महिला थी। उसने अपने बच्चों को माँ व पिता दोनों का प्यार दिया था। लड़के को माँ के प्रति बहुत आदर था मगर वह अपनी भावनाओं को माँ के सम्मुख प्रदर्शित करने में झिझक महसूस करता था। उसने माँ को कभी कहा ही नहीं कि उनके प्रति उसकी क्या भावना है। प्रेम नियम की समझ मिलने पर वह माँ के समक्ष अपने प्रेम व भावनाओं का इज़हार कर पाया। उसने माँ से कहा, 'हमारा परिवार बहुत मज़बूत है, हम सभी प्रेम के बंधन में बँधे हैं, ये सब आपकी वजह से संभव हुआ है... आज मैं बहुत ख़ुश हूँ।' यह सुनकर माँ की आँखों से आँसू झरने लगे। वह अपने बेटे को गले लगाए बिना नहीं रह सकी।

अगर आज आप ऐसा कर पाए तो यह संभावना खुल गई है कि आगे भी यह जारी रखी जा सकती है। याद रखें कि हर दो या तीन महीने में परिवार में इस तरह की बातचीत होनी आवश्यक है। प्रेम व्यक्त करने के बाद जैसा आनंद लिया गया है, वैसा हर बार लें। प्रेम का शब्दों में अभिव्यक्त होना और क्रिया में आना बहुत महत्त्वपूर्ण है।

अध्याय 19

प्रेम दर्शन ध्यान

असली प्रेम का स्वाद – हर रिश्ते के संग

इस खण्ड में आपने सच्चे प्रेम को बंधनों से मुक्त करना सीखा। आइए, अब इस सच्चे प्रेम का दर्शन करें कि किन–किन रिश्तों में हमारा प्रेम बंधन मुक्त होकर सच्चा प्रेम बन पाया है।

'प्रेम दर्शन' यह ऐसा ध्यान है, जिसमें आप अपने रिश्तों का ध्यान करेंगे। अपने सभी रिश्तेदारों और अब तक आपके उनके साथ हुए व्यवहार का स्मरण करेंगे। प्रेम का दर्शन रिश्तों के बीच ही होता है। जब आप ईमानदारी से स्वयं को अलग–अलग रिश्तों में देखेंगे तब प्रेम का स्वदर्शन होगा। सामनेवाला जैसे कि आपके लिए आइना बन जाता है। 'ए' से लेकर 'ज़ेड' तक सभी रिश्तों में देखें कि कहाँ प्रेम है? कहाँ सच्चा प्रेम है और कहाँ प्लास्टिक (नकली) प्रेम है।

कोई रिश्तेदार छूट न जाए इसलिए 'ए' से आरंभ कर ज़ेड तक जाएँ। हर रिश्तेदार को याद करते हुए स्वयं से पूछें कि 'मुझे इस रिश्तेदार में कौन से प्रेम का दर्शन होता है – प्लास्टिक प्रेम का, प्रेम का या सच्चे प्रेम का?' जिस भी तरह का दर्शन होता हो, उस बॉक्स पर टिक करें और आगे बढ़ें।

	प्लास्टिक प्रेम	प्रेम	सच्चा प्रेम
A 'ए' से आंटी	☐	☐	☐
B 'बी' से भाई–बहन	☐	☐	☐

C 'सी' पर कज़िन, चचेरे भाई-बहन	☐	☐	☐
D 'डी' पर डैडी	☐	☐	☐
E 'इ' पर एलडर्स् यानी बड़े-बुजुर्ग	☐	☐	☐
F 'एफ़' पर फ्रेंड्स	☐	☐	☐
G 'जी' पर ग्रैंड फ़ादर-मदर और गुरु	☐	☐	☐
H 'एच' पर हज़बंड यानी पति	☐	☐	☐
I 'आय' पर इंटेन्स रिलेशन्स यानी गहरे रिश्ते या आप	☐	☐	☐
J 'जे' पर जीजाजी	☐	☐	☐
K 'के' पर कलीग यानी सहकर्मचारी	☐	☐	☐
L 'एल' पर लीडर्स्, घर या देश का लीडर	☐	☐	☐
M 'एम' पर मम्मी	☐	☐	☐
N 'एन' पर नौकर	☐	☐	☐
O 'ओ' पर अदरसाइड ओल्ड अर्थात मृत्यु उपरांत जीवन में गए हुए लोग	☐	☐	☐
P 'पी' पर पड़ोसी	☐	☐	☐
Q 'क्यू' पर कुदरत	☐	☐	☐
R 'आर' पर रीयल रिश्तेदार	☐	☐	☐
S 'एस' पर संतान	☐	☐	☐
T 'टी' पर टीचर	☐	☐	☐
U 'यू' से अंकल	☐	☐	☐
V 'वी' वाहन चालक (ड्राइवर)	☐	☐	☐
W 'डब्ल्यू' पर वाइफ़	☐	☐	☐
X 'एक्स', Y 'वाय', Z 'ज़ेड' पर डॉक्टर, बॉस, दुकानदार इत्यादि लोग।	☐	☐	☐

हर अक्षर पर आपको कोई न कोई रिश्तेदार अवश्य मिल जाएगा।

1. अब आँखें बंद रखकर क्रम के अनुसार हरेक को अपनी आँखों के सामने लाएँ और इस बात का स्मरण करें कि अब तक आपने उनसे कैसा व्यवहार किया है? कौन सी स्थिति में आपने कैसे शब्द बोले हैं? उनके बारे में क्या विचार किए हैं? आपके मन में उनके लिए जो प्रेम है, उसमें सच्चा प्रेम कितना है? आभासी प्रेम अर्थात फ़ोटोवाला प्रेम कितना है? कब्ज़ा जमाने की कोशिश कितनी बार की गई? सब कुछ स्पष्ट रूप से देखने की कोशिश करें।
2. यदि आज यह दर्शन आप कर पाए तो मान लें कि आपने जीवन दर्शन कर लिया। प्रेम के विषय में आप कितनी सतह पर हैं, यह समझ लें। गहराई में उतरने की कोशिश करें। देखें कि कहीं प्रेम के पीछे डर तो नहीं है? प्रेम खोने का डर, रिश्ते खोने का डर, रिश्ते पर से अधिकार खोने का डर। ऐसा लगता है मानो, मन में खो-खो का मैच चलता रहता है। इस मैच में जीतना हो तो पहले डर को खो दें। अपने रिश्तों को आत्मिकता से जोड़ें, विश्वास को जगाएँ। जब विश्वास होगा तब डर अपने आप खो जाएगा। और अगर आप अपने अहं को अर्थात अपने शारीरिक 'मैं' को खो देंगे तो अन्य कुछ खोने का डर नहीं रहेगा।
3. 'ए' अल्फ़ाबेट से ध्यान की शुरुआत करेंगे। सभी रिश्तों को अपनी बंद आँखों के सामने लाकर ईमानदारी से स्वयं से पूछें, 'क्या इनके साथ मेरा रिश्ता सौ प्रतिशत शुद्ध प्रेम का है या फिफ्टी-फिफ्टी है? अहंकार की चाहना पूरी होती है इसलिए इनसे प्रेम है या रिश्ते का एक लेबल है इसलिए प्रेम है? यह लेबल न होता तो मैं इनके साथ किस तरह पेश आता/आती? इनसे किस तरह मिलता/मिलती?' पूरी ईमानदारी से ख़ुद को बताएँ। यह ध्यान अपने लिए है, अपने प्रेम को उजागर करने के लिए है।
4. 'बी' पर हैं भाई-बहन या भाभी। आत्ममंथन कर ख़ुद से पूछें, 'क्या इनके प्रति मेरा प्रेम सच्चा है या उनसे कुछ सुविधाएँ, सहयोग मिलता है इसलिए है?' अपने प्रेम का दर्शन करें। सामनेवाला प्रेम करता है

या नहीं, सवाल यह नहीं है। आपका प्रेम कैसा है? केवल लेबल की वजह से, रिश्ते की वजह से प्रेम है या सचमुच है? प्रेम यदि सच्चा नहीं है तो कोई ग्लानि न रखें, ख़ुद को क्षमा करें। क्योंकि क्षमा करेंगे तो सच्चा प्रेम प्रकट होने लगेगा। कोई अपराध बोध न रखते हुए सिर्फ सच्चाई को जानें। स्वयं के साथ ही यदि शुद्ध प्रेम का रिश्ता नहीं है तो बाहर के रिश्ते भी शुद्ध नहीं रहते। किसी रिश्ते में दिखाई दे कि प्रेम शुद्ध नहीं है तो ख़ुद को माफ करें। ईश्वर से कहें, 'मुझे, मुझे माफ करने में मदद करो। मुझे, मुझे प्रेम करने में मदद करो।' प्रेम से भरा हुआ इंसान ही सच्चा प्रेम कर सकता है।

5. 'सी' पर चाइल्ड ऑफ चाचा यानी कज़िन। पहले उन किरदारों को आँखों के सामने लाएँ, जो आपको ज़्यादा पसंद नहीं हैं। चचेरे, ममेरे, मौसेरे सारे भाई-बहनों में आपकी उपस्थिति कैसी है? उन्हें देखकर आपके अंदर कौन सी लकीरें बनती हैं? लकीरें यानी लगान की रस्सियाँ, फिर चाहे वे छोटी-छोटी ही क्यों न हों। प्रेम कैसा होना चाहिए, कुछ रिश्ते आपको दर्शन करवाएँगे। अगर सच्चा प्रेम न दिखे तो स्वयं को माफ करें और मन ही मन सामनेवाले से भी माफ़ी माँग लें, 'कृपया मुझे क्षमा करें। मैं प्रेम के पक्ष में हूँ। चाहे अब तक मैंने अपने अंदर नफ़रत ही जगाई, नफ़रत के कार्य भाव कर लिए मगर मैं प्रेम के पक्ष में हूँ।'

6. 'डी' पर है डैडी। डैडी के साथ-साथ ख़ुद को भी उनके सामने देखें। देखें कि आज तक जब-जब आप पिताजी के सामने उपस्थित थे, किस भावना से उपस्थित थे? तेजप्रेम, सच्चा प्रेम था या डर था? ग़लत-सही का लेबल न लगाते हुए दर्शन करें। उनके प्रति डर था तो डर के लिए क्षमा माँगें, 'मैं आपसे बहुत प्रेम करता हूँ, मुझे क्षमा करें। मेरे अज्ञान के लिए ईश्वर मुझे क्षमा करे।' पूरे दिल से सच्चाई का दर्शन करें।

   साथ ही ईश्वर से भी क्षमा माँगें, 'हे ईश्वर आप मुझे, मुझे माफ करने में मदद करो, इन लकीरों को मिटा दो। हे प्रेम, आनंद, मौन के संचालक, सबके निर्माता मैं आपसे क्षमा चाहता/चाहती हूँ।

सारी लकीरों को मिटा दो, रूपांतरण कर दो। धन्यवाद, धन्यवाद, धन्यवाद।'

ईश्वर को धन्यवाद देने का अर्थ है, आप ईश्वर से जिस चीज की माँग कर रहे थे, वह आपको मिल चुका है। भावों को रोकने की आवश्यकता नहीं है। जो भी भाव उभरते हैं, उनका दर्शन करके उन्हें विलीन होने दें।

7. अब ख़ुद से कहें, 'मैं मुक्त हूँ, मैं आज़ाद हूँ।' कुछ देर मुक्ति का, आज़ादी का आनंद लेते रहें।
8. अब धीरे-धीरे अपनी आँखें खोलें।

इस पुस्तक से प्रेरणा पाकर कम से कम किसी एक रिश्ते में तो डूब जाएँ। फिर उस असली प्रेम का स्वाद आप हर रिश्ते में पाना चाहेंगे और मन को डूबने की आदत पड़ जाएगी। किसी एक रिश्ते में शुद्धता लाएँ, फिर सभी रिश्ते अपने आप शुद्ध होते जाएँगे। यह एक प्रकार का व्यायाम ही है। जिस प्रकार शरीर को स्वस्थ रखने के लिए हम व्यायाम करते हैं, उसी प्रकार रिश्तों को स्वस्थ रखने के लिए यह मन का व्यायाम है। जब-जब मन मूल भाव छोड़कर विकारों की ओर खिंचता दिखाई दे तब तत्काल उसे 'प्रेम ध्यान' की शक्ति से मूल भाव में वापस लाएँ।

कई बार इंसान की समझ में आता है कि वह विकारों के वश में हो रहा है। फिर भी वह अपने उनसे दूर होने में आलस दिखाता है। मान लें कि आप सोने जा रहे हैं और अपने बिस्तर में कोई साँप पड़ा देखें तो आप क्या करेंगे? उसे तुरंत उठाकर बाहर फेंक देंगे या आलस के कारण उसे वहीं रहने देंगे? या साँप के रहते ही सो जाएँगे? या केवल सोचते रहेंगे कि क्या वाकई यह साँप ही है या कोई रस्सी पड़ी है? नहीं। आप तुरंत प्रकाश बढ़ाकर उसके पास जाकर देखेंगे कि वह क्या है। अगर साँप होगा तो आप उसे तुरंत उठाकर या उठवाकर बाहर फेंक देंगे। बिस्तर साफ करेंगे और फिर सोएँगे।

आपको अपने मन का भी ऐसा ही खयाल रखना होगा, उसमें कोई विकार का अनुभव करें तो तुरंत उसे हटाकर मन को साफ करें। यह एक

नोट : यहाँ प्रेम दर्शन ध्यान 'ए' से 'डी' तक दिया गया है। इसके आगे 'ज़ेड' तक का हिस्सा पढ़ने के लिए देखें परिशिष्ट - पृष्ठ क्रं. 183।

दिन का व्यायाम नहीं है। इसे आपको नियमित रूप से करते रहना होगा। नियमित व्यायाम से मन जब स्वस्थ होगा तब वह इतना सृजनात्मक (क्रिएटिव) होगा कि अगर उसमें कभी दुःख भी हो तो वह दुःख का दुःख नहीं करेगा। दुःख का भी अपना एक बल होता है। हमें दुःख की ताक़त को भी सुख के लिए उपयोग में लाना है।

राजकुमार सिद्धार्थ को भगवान बुद्ध बनानेवाला दुःख ही तो था। जब उन्होंने दुःख के मूल की खोज की तब उन्हें सुख का तत्त्व प्राप्त हुआ। दुःख तो आता ही है ताक़त देने के लिए। लेकिन उस ताक़त को वही जान पाएगा, जिसका मन चुस्त और सजग होगा। दुःख में छिपा सुख सहजता से दिखाई नहीं देता। लेकिन जो नहीं दिखाई देता, वही आपकी कर्मभूमि है। वही अनदेखा कोना आपको तेज विकास की ओर ले जाएगा। इसलिए जब भी कोई बात आपकी इच्छा अनुसार न हो रही हो, प्रतीक्षा का समय हो तब निराश न हों। उस प्रतिकूल स्थिति का, प्रतीक्षा की घड़ी का भी आनंद लेते रहें। भविष्य में जो निर्माण होनेवाला है, उसकी आश्चर्य के साथ प्रतीक्षा करें। नकारात्मक सोच के साथ ऐसी समस्यापूर्ण घड़ी का दुःख मनाने से बाधाएँ बढ़ती हैं।

मानो, प्रार्थना के बाद भी अगर कुछ चीज़ें आने में विलंब हो रहा हो तो यह जान लें कि आपके लिए कुछ विशेष व्यवस्था की जा रही है। इसलिए स्थिति अनुकूल हो या प्रतिकूल, आपको सदा आनंदित रहना है। पुरानी बातों में जकड़कर, जो नहीं हो रहा है उसमें अटककर नहीं रहना है बल्कि आगे चलते रहना है। नवीनता का अनुभव लेना है। अपने मन को आइने जैसा साफ रखना है ताकि जो वर्तमान है वही प्रतिबिंबित हो।

प्रेम की सच्चाई जानने के लिए सत्य का ज्ञान तो आवश्यक है ही क्योंकि ज्ञान से विवेक जाग्रत होकर, विचार संतुलित होते हैं। लेकिन कई ज्ञानी ऐसे भी होते हैं, जो उनसे कम ज्ञानी इंसानों को नीचा दिखाते रहते हैं। अगर आपने कागज़ पर एक रेखा खींच दी और उस रेखा के आगे एक और बड़ी रेखा खींच दी तो पहलीवाली रेखा अपने आप छोटी दिखने लगेगी। हालाँकि बड़ी रेखा खींचने से पहले तो वह छोटी नहीं थी लेकिन बड़ी रेखा की तुलना में वह छोटी हो गई।

ज्ञान की भी वही बात है। आप जब आपसे कम ज्ञानवाले इंसान के सामने आते हैं तभी आपका ज्ञान सिद्ध होता है। आपसे कम जाननेवाला इंसान आपसे मदद लेकर वास्तव में आपकी मदद करता है। वह नीचे होकर भी आपको ऊपर उठाता है।

जैसे हर जीतनेवाले के पीछे एक हारनेवाला होता है। खेल के मैदान में देखें, कोई हारता है इसलिए कोई जीतता है। अर्थात जीतनेवाले की जीत में हारनेवाले का हिस्सा भी अवश्य होता है। ऐसे में कम ज्ञानी इंसान को नीचा दिखाने के बजाय आपको उसे प्रेम देना चाहिए। क्योंकि उसी के कारण आपका ज्ञान सिद्ध हो पाया, उसी के कारण आप अपने आपको समझ पाए।

कई बार अनपढ़ इंसान सदा ख़ुश और पढ़ा-लिखा इंसान सदा चिंतित दिखाई देता है। क्योंकि अनपढ़ इंसान वह सीखता है, जो पढ़ा-लिखा इंसान नहीं सीख पाता, वह है सदा आनंदित रहने की कला। इसलिए रिश्तों में कभी यह न सोचें कि कौन कम है-कौन ज्यादा, कौन आगे-कौन पीछे। हर कोई किसी बात में आगे तो हर कोई किसी बात में पीछे हो सकता है। प्रेम में कोई आगे-पीछे, ऊपर-नीचे नहीं होता। अगर हो तो वह प्रेम नहीं होता। प्रेम में दोनों एक साथ होते हैं।

यदि आप एक-दूसरे में दोष देखते रहे, स्वयं को ही सही मानते रहे तो प्रेम समाप्त हो जाएगा। प्रेम को ताज़ा और प्रवाही रखना है तो अपना दृष्टिकोण बदलें। दृष्टिकोण बदलने से चीज़ें बदली दिखाई देती हैं। सच्चे प्रेम के प्रकाश से सदा के लिए प्रकाशित हो जाता है और ऐसे मन में हर दिन प्रेम दिवस मनाया जाता है।

आइए, अब अगले खण्ड द्वारा अपने भीतर ऐसे गुणों को लाएँ जो हमें सच्चे प्रेम तक ले जाएँगे।

खण्ड 6

सच्चा प्रेम कैसे जगाएँ

प्रेम के पंख

प्रेम नियम वाक्य

'जो देने से मिले, लेने से घटे।
जो बिन फ्रेम प्रेम है,
वही प्रेम नियम है।'

अध्याय 20

दूसरों की परवाह करें

अपनों को अपना बनाएँ

ईश्वर यह नहीं देखता कि हम कितना काम करते हैं,
बल्कि यह देखता है कि हम उसे कितने प्रेम से करते हैं।

– मदर टेरेसा

देखा जाए तो जो चीज़ हमारे आस-पास प्रचुरता में होती है, उसका हमारे लिए कोई महत्त्व नहीं होता। अनजाने में ही सही लेकिन हम उसका अनादर करने लगते हैं। जैसे मलय पर्वत पर चंदन वृक्षों के सहवास में रहनेवाली एक आदिवासी महिला रोज़ चूल्हा जलाने के लिए भी चंदन की लकड़ी का इस्तेमाल करती है।

प्रेम के बारे में भी यही हाल है। बचपन से ही हम इस शब्द को सुनते आते हैं। माँ-बाप, भाई-बहन या अन्य रिश्तेदारों का हमारे प्रति प्रेम। फिर हमारा उन सबके प्रति प्रेम, अपने जीवनसाथी से या अपने बच्चों के प्रति प्रेम को देखें तो जीवन में प्रेम ही प्रेम है। फिर भी इंसान प्रेम के लिए तरसता रहता है। कारण वह मलय पर्वत पर रहनेवाली उस आदिवासी महिला की तरह प्रेम के अमूल्य चंदन को केवल लकड़ी समझकर बस जलाता रहता है। हमें बस यही चाह होती है कि किसी तरह हमारा चूल्हा जले

अर्थात हमारा प्रेम हमारी ज़रूरतों से जुड़ा रहे। प्रेम के द्वारा यह ज़रूरतें पूरी करवाते-करवाते, सुविधाओं की लालच में, अनजाने में ही सही लेकिन शुद्ध प्रेम भाव को हम अनेकों भावों से दूषित कर बैठे हैं, जूठा कर बैठे हैं।

जो आपसे सच्चा प्रेम करते हैं उनके महत्त्व को समझें। वे आपके जीवन में हैं इसलिए आपका जीवन सुंदर है। उनकी परवाह करना सीखें। कैसे? आइए, समझें।

जब हम अपनों से प्रेम कर पाते हैं तब बेगानों के साथ प्रेम करने की संभावना खुलती है। हर इंसान की अलग प्रवृत्ति होती है और वह बदलती रहती है। इसलिए हर एक इंसान को उसकी प्रवृत्ति के साथ स्वीकार करें। अगर हम पुराने अनुभवों को प्रमाण मानकर रिश्ते बनाने लगेंगे तो रिश्तों का वर्तमान रूप नहीं जान पाएँगे, अपने आपको उस वर्तमान रूप के लिए नहीं बदल पाएँगे। फलतः रिश्तों में दरारें पड़ने लगेंगी।

उनकी देखभाल करें

माँ अपने बच्चे से सच्चा प्रेम करती है इसलिए बच्चे की देखभाल करना, यह उसका पहला गुण होता है। अपने आपसे पूछें कि 'क्या मैं अपने रिश्तों की उचित देखभाल कर सकता हूँ?'

स्वयं से जुड़े हर रिश्ते की उचित देखभाल करके आप अपने अंदर एक अच्छा गुण विकसित करते हैं।

जिस तरह बीमार बच्चे को सही समय पर दवा पिलाना आवश्यक होता है, दवाई की एक्सपायरी डेट को हर बार जाँचना आवश्यक होता है, उसी तरह आपको अपने हाथों को जाँचना चाहिए कि कहीं मेरे हाथ रफ़ (खुरदरे) तो नहीं हैं, बुद्धि टफ़ (कठोर) तो नहीं है। इस तरह रफ़ और टफ होने से रिश्तों को नुकसान पहुँच सकता है। अपने रिश्तों के लिए अंदर से ज़िम्मेदारी की भावना हो, देखभाल करने का जज़्बा हो तो रिश्तों में सच्चा प्रेम बरकरार रहता है।

उनकी ज़िम्मेदारी लें

सच्चे प्रेम का एक गुण आता है माँ से, देखभाल का और दूसरा गुण आता है पिता से, ज़िम्मेदारी का। पिता स्वेच्छा से घर की ज़िम्मेदारी लेते हैं,

अपना दायित्व महसूस करते हैं और घर की रखवाली करते हैं। अगर सच्चा प्रेम है तो ज़िम्मेदारी बोझ नहीं लगती, ख़ुद-ब-ख़ुद निभाई जाती है। ज़िम्मेदारी पूरी करके इंसान पूर्णता का एहसास करता है। सच्चे प्रेम के साथ यह गुण स्वयं में लाएँ।

जो इंसान सच्चे प्रेम में ज़िम्मेदारी लेने से कतराता है, प्रेम उससे दूर होता जाता है। ऐसे में वह दूसरों पर दोष लगाना शुरू कर देता है। जिस कारण लोग उससे और दूर होते जाते हैं। प्रेममय रिश्तों में दरार आने का यह भी एक मुख्य कारण है।

इंसान जब अज्ञान, बेहोशी और सुस्ती से आज़ाद हो जाता है तब वह उस आज़ादी के एहसास से ज़िम्मेदारी उठाना चाहता है। इस अवस्था में ज़िम्मेदारी बोझ नहीं लगती। एक मुक्त इंसान दूसरों के विकास के लिए ज़िम्मेदारी लेना, अपना कर्तव्य व अभिव्यक्ति समझता है। आप जितने आज़ाद हुए हैं, उतनी ज़िम्मेदारी आप लेना चाहेंगे इसलिए आज से ही अपने अंदर ज़िम्मेदारी का एहसास जगाएँ।

इन गुणों को स्वयं में लाकर आप अपनों को अपना बना पाएँगे। इन प्रेममय रिश्तों को प्रेम के दो पंख भी दें ताकि ये उड़ान भर सकें। प्रेम के दो पंख कौन से हैं? यह अगले अध्याय में जानें।

प्रेम नियम को जीवन में उतारने के लिए क्या आप यह कर पाएँगे?

एक इंसान अपना घर बनवा रहा था। इस दौरान उसकी पड़ोसी से बहुत अनबन हो गई। बातचीत तक बंद हो गई। दोनों के मन में नफ़रत की भावना आ गई। इस बात को कई साल बीत गए और अब तक दोनों की बातचीत बंद ही थी।

जब उस इंसान को प्रेम नियम का ज्ञान मिला तो उसने अपने पड़ोसी के लिए प्रार्थना करना शुरू किया। उसने मन ही मन उससे क्षमा माँगी और स्वयं भी उसे क्षमा किया। वह निरंतरता से यह करता रहा। उसके अंदर से नफ़रत की भावना चली गई।

कई दिनों बाद उसके पड़ोसी ने आकर उससे बातचीत की। इससे वह ख़ुद भी हैरान था। बातचीत के दौरान पड़ोसी ने उसे बताया कि 'पता नहीं क्यों, पर मेरे अंदर से तुम्हारे प्रति नफ़रत की भावना चली गई। इसलिए मैं तुमसे बात करने के लिए आया हूँ।' यह सुनकर उसे और आश्चर्य हुआ।

वह इंसान बीमार भी रहता था। अकसर डॉक्टर के पास जाया करता था। उसने बताया कि 'प्रेम नियम और क्षमा का ज्ञान मिलने के बाद अब मैं स्वस्थ हो चुका हूँ। अब मैं डॉक्टर को केवल मिलने जाता हूँ।' इस तरह प्रेम नियम का चमत्कार उसने अपने जीवन में देखा।

अध्याय 21

विश्वास और धीरज – प्रेम के पंख

खोज को अपना साथी बनाएँ

क्या आप ज़िंदगी से प्रेम करते हैं? तो फिर समय बरबाद न करें,
क्योंकि ज़िंदगी इसी से बनी है।

– बेंजामिन फ्रैंकलिन

प्रेम में विश्वास अति आवश्यक है। विश्वास विश्व की उच्चतम तरंग है। एक ऐसी तरंग जिससे प्रेम निःशंक हो जाता है और असीम प्रेम का निर्माण होता है।

जहाँ सच्चा प्रेम होता है, वहाँ डर का कोई स्थान नहीं होता। सच्चे प्रेम में अपने प्रेमी को खोने का डर नहीं होता। जब डर होता है तब अपने प्रेम के विषय में आशंकाएँ निर्मित होने लगती हैं, 'अगर मेरा प्रेमी मुझे छोड़कर जाए तो? उसका प्रेम समाप्त हो जाए तो?' ऐसी आशंकाओं के कारण प्रेम पर बंधन लगाए जाते हैं। ऐसा बंधनयुक्त प्रेम घुट-घुटकर समाप्त हो जाता है और डर सच हो जाता है। ऐसे डर को निकालने के लिए विश्वास का होना आवश्यक है। जहाँ विश्वास होता है, वहाँ डर नहीं होता और विश्वास उसी मन में पलता-बढ़ता है, जहाँ शुद्धता होती है। जो प्रेम का ही दूसरा पहलू है।

प्रेम जब अस्थिर हो जाता है तब उसे हासिल करने के प्रयास में हम कुछ ग़लत क़दम उठाकर उसकी शुद्धता को खो देते हैं। प्रेम में विश्वास न

हो तो प्रेम, प्रेम नहीं होता। भक्ति में विश्वास न हो तो भक्ति, भक्ति नहीं होती। विश्वास न हो तो न धीरज रखा जाता है, न ही निश्चय।

प्रेम में धीरज का महत्त्व

मान लीजिए आप हथौड़े की मदद से एक बड़े पत्थर को तोड़ने की कोशिश कर रहे हैं, आप बार-बार पूरी ताक़त से हथौड़े को पत्थर पर मार रहे हैं लेकिन पत्थर टूट नहीं रहा। इसके बावजूद आप जुटे रहते हैं। हथौड़े से प्रहार करते रहते हैं। आख़िरकार जब आप सौवीं बार हथौड़ा मारते हैं तब पत्थर टूट जाता है। अब ज़रा सोचिए कि क्या इस पत्थर को तोड़ने के कार्य में आपका निन्यानवे बार हथौड़ा चलाना बेकार गया? नहीं, दरअसल उन निन्यानवे चोटों के बाद ही पत्थर इतना कमज़ोर हुआ कि सौवीं बार में वह टूट गया। निन्यानवे बार किए गए प्रहार असल में धीरज के प्रहार थे। पत्थर तोड़ने की कोशिश में आख़िरी दम तक आप अपना कार्य करते रहे, आपने अपना धीरज बनाए रखा और आख़िर में पत्थर टूट गया।

उपरोक्त उदाहरण द्वारा यह बताने का प्रयास किया जा रहा है कि प्रेममय रिश्तों में धीरज रखते हुए कर्म करने से जो फल प्राप्त होता है, वह रिश्तों को मज़बूत बनाता है।

हो सकता है किसी परिस्थिति में आपके धीरज का बाँध टूटने लग जाए, उस समय उपरोक्त सीख याद करें और सौवें हथौड़े के पहले के वारों की महत्ता को न भूलें। धीरज के साथ-साथ समझ होनी ज़रूरी है। बिना समझ के धीरज का होना, बिना धार की तलवार समान है।

जब भी प्रेम दुःख देने लगे तो वहीं रुकें और धीरज के साथ खोज करें। खोज करते वक़्त यह समझ रखें कि 'जिस विचार से मुझे दुःख हो रहा है, उसे मैं नए ढंग से कैसे देख सकता हूँ?' मान लें आपको लगता है कि 'सामनेवाला आपसे प्रेम नहीं करता।' ऐसे में जब आप खोज करेंगे, ख़ुद से सवाल पूछेंगे तो जो जवाब आएँगे वे समझ के आधार पर आएँगे। खोज में पहला सवाल आएगा, 'क्या मैं ख़ुद को प्यार करता हूँ?' तत्पश्चात अगला सवाल आएगा, 'क्या मैं दूसरों को बेशर्त (अनकंडिशनल) प्रेम दे पाता हूँ?' यदि जवाब आए कि 'नहीं' तो स्वयं से कहें कि 'मैं ख़ुद स्वयं से एवं औरों से बेशर्त प्रेम नहीं कर पाता तो मैं दूसरों से कैसे उम्मीद कर

सकता हूँ?' यह जान लेना ही समझ के साथ खोज करना है। इससे आपकी सारी शिकायतें ख़त्म हो जाएँगी और आप समझ जाएँगे कि 'जब मैं ख़ुद दूसरों को बेशर्त प्रेम नहीं करता तो दूसरे की क्या शिकायत करूँ?'

इंसान के मन में शिकायत तब उठती है, जब उसे लगता है कि वह तो दूसरों के लिए बहुत कुछ कर रहा है, वह दूसरों को सच्चा प्रेम करता है लेकिन दूसरे उसे योग्य प्रतिसाद नहीं दे रहे हैं। खोज करने के बाद उसे अपना चेहरा दिखाई देता है और उसकी सोच में आरंभ से अंत तक परिवर्तन आता है। जो शिकायत दूसरों के प्रति उठ रही होती है, उस पर जब खोज होती है तो पता चलता है कि 'ये खामियाँ तो मेरे ही अंदर हैं, जिसकी खबर सामनेवाले ने दी।' सोचें, ऐसी समझ पाकर आपका जीवन कितना अद्‌भुत और आनंदमयी हो सकता है। एक पल पहले जिसके लिए आप शिकायत कर रहे थे, दूसरे ही पल उसके लिए धन्यवाद के भाव उठेंगे। इसे ही यूरेका इफ़ेक्ट या शिफ़्टिंग कहा गया है। इसकी वजह से आपके जीवन में केवल बदलाव ही नहीं बल्कि रूपांतरण आ सकता है। मगर जब तक सही समझ के साथ खोज नहीं होती तब तक लोग औरों के बारे में शिकायत कर-करके अपना दुःख बढ़ाते ही रहते हैं। बिलकुल उस इंसान की तरह जो किसी सुपरहिट फ़िल्म की टिकट ब्लैक में अतिरिक्त पैसे देकर खरीदता है। जिसकी कहानी हकीकत में उसी के जीवन से मिलती-जुलती है।

> भूरालाल ने जब कपड़े की नई-नई दुकान खोली तो रात को सोते वक़्त उसने सपना देखा कि वह एक ग्राहक को थान का थान निकालकर दे रहा है। तब बीवी ने उसे जगाया और पूछा कि 'अरे यह चादर क्यों फाड़ रहे हो?' तो उसने नींद में ही कहा कि 'उफ़! यह कम्बख़्त बीवी दुकान में भी पीछा नहीं छोड़ती।' अर्थात उसने यह गौर ही नहीं किया कि वह सो रहा है और घर की चादर फाड़ रहा है।

उपरोक्त घटना में रात में सपना देख रहे भूरालाल की मान्यकथा है कि वह दुकान पर बैठकर बिज़नेस कर रहा है, ग्राहक के कहे अनुसार थान में से कपड़ा फाड़ रहा है। जहाँ उसे लग रहा है कि उसकी बीवी दुकान में भी उसका पीछा नहीं छोड़ रही और उसे टोक रही है। जबकि उस समय यह समझ होना ज़रूरी है कि बीवी उसे टोक नहीं रही बल्कि फ़ीडबैक दे रही

है कि 'तुम सोए हुए हो, उठो, जागो और सच देखो।' लेकिन लोगों को अपनी मान्यकथा के कारण फ़ीडबैक भी टोका-टाकी लगता है, खटकता है।

इंसान को उसकी मान्यकथा से बाहर लाने हेतु कोई न कोई निमित्त बनता है, उसे याद दिलाता है, उसके लिए आइने का काम करता है। मगर समझ के अभाव में इंसान के मन में उसी के प्रति शिकायत पैदा होती है। इसीलिए समझ का महत्त्व है, समझ अपने आपमें पूर्ण है, जिसके ज़रिए रिश्तों में पलनेवाली नफ़रत , द्वेष, घृणा या क्रोध की कड़वाहट ख़त्म हो सकती है और सच्चे प्रेम की ख़ुशबू फैल सकती है।

रिश्तों में प्रेम को उजागर करने का तरीक़ा सीखें अगले अध्याय द्वारा।

प्रेम नियम को जीवन में उतारने के लिए क्या आप यह कर पाएँगे?

प्रेम नियम के बारे में जानने के बाद, पहली बार एक बेटी को यह एहसास हुआ कि उसकी माँ ने उसके लिए क्या-क्या किया है। उसकी आँखों से आँसू आने लगे और उसने अपनी माँ से कहा, 'मम्मी आप हम सबके लिए कितना कुछ करती हो। मुझे आज यह एहसास हो रहा है। आप रोज़ हमारे लिए खाना बनाती हो। मैंने तो आज तक किसी काम में आपकी मदद तक नहीं की। आप हम सबके लिए इतने सालों से इतना कुछ करती रहीं और मुझे आपकी आज तक कद्र नहीं हुई। मैं आपको सॉरी बोलना चाहती हूँ।'

बेटी की बातें सुनकर माँ भी रोने लगी और कहा, 'वैसे मुझे तारीफ़ की ज़रूरत नहीं, यह तो मेरा फर्ज़ है। पर तुमने आज जो कहा वह मुझे बहुत अच्छा लगा। तुम्हारी बातें सुनकर मुझे ख़ुशी हुई।'

कई बार हमें लगता है कि सामनेवाले की तारीफ़ करने की क्या ज़रूरत है। वह तो अपना फर्ज़ निभा रहा है। परंतु आपसे निकला सच्ची सराहना का एक शब्द, साम नेवाले को बहुत ख़ुशी दे सकता है।

अध्याय 22

प्रेम के सिक्के का दूसरा पहलू

प्रेम को उजागर करने का तरीक़ा सीखें

प्रेम से भरे रिश्ते भरपूर आनंद का संकेत देते हैं।
प्रेम से खाली रिश्ते खाली डिब्बों की तरह केवल बजते हैं।

'क्षमा' यह प्रेम के सिक्के का दूसरा पहलू है। प्रेम के सिक्के के पीछे लिखा हुआ है, क्षमा। 'प्रेम और क्षमा' का सिक्का आपको टॉस करना है। यह टॉस हुआ तो आप देखेंगे 'क्षमा' शत प्रतिशत प्रेम को उज़ागर कर देगी। कोई आपको कुछ बुरे शब्द बोल देता है और बाद में ग़लती का एहसास होने पर कहता है, 'कृपया मुझे क्षमा करो' तो जैसे आपके ज़ख़्मों पर मरहम लग जाता है। उसी वक़्त आपकी भावना बदल जाती है। किसी ने आपको ख़त में दस गालियाँ लिखी हैं और आख़िर में लिखा है, 'मैंने सिर्फ अपनी भड़ास निकाली। आप ऐसे नहीं हैं, मुझे मालूम है। मुझे क्षमा करो।' ख़त पढ़ते वक़्त मन में विचार आ रहे थे, 'इसे तो नहीं छोड़ूँगा।' मगर अंत पढ़ते ही इंसान ठंडा हो गया क्योंकि सामनेवाले ने क्षमा माँगी। जब हम रिश्तों में क्षमा करना भूल जाते हैं तब उनसे प्रेम लुप्त होने लगता है।

प्रेम को उजागर करने के लिए ही आपको दिल से, कम से कम अपने भीतर क्षमा माँगनी है ताकि सामनेवाले के अंदर जो अवचेतन मन है,

वहाँ तक बात पहुँच जाए। क्षमा माँगने के साथ जो कर्म की लकीरें काम कर रही हैं, वे मिटना शुरू हो जाती हैं और सच्चा प्रेम उभरकर आता है।

जीवन में कुछ नकारात्मक घटनाएँ ऐसी होती हैं, जिन्हें भुलाने की कला हमें सीखनी है वरना उन घटनाओं को याद करके हम बेवजह परेशान होते हैं। हमारे अंदर द्वेष, नफ़रत और ईर्ष्या बढ़ती है।

जैसे सास ने नई–नवेली बहू को कुछ कड़वी बातें कह दीं। शुरुआत में सास–बहू दोनों को एक–दूसरे के स्वभाव की पूरी जानकारी नहीं थी इसलिए कुछ कड़वी बातें, कहा–सुनी हो गई। बाद में उसी सास ने बहू को हर तरह से समर्थन दिया। घर के हर कार्य में सहयोग किया। परंतु बहू उन्हीं पुरानी बातों में उलझकर यदि सही प्रतिसाद न दे तो इसका अर्थ है उसने सच्चे प्रेम को समझा ही नहीं। यदि बहू पुरानी घटनाओं को भूलकर सास को क्षमा कर पाए तो वह जीवन में आगे बढ़ेगी वरना भूतकाल में ही अटकी रहेगी।

इसी तरह ऐसी कोई घटना आपको भूतकाल में की गई ग़लती याद दिलाएगी तो मन में अपराध बोध जागता है और आप अपने आपसे ही नफ़रत करने लगते हैं। घटनाएँ याद आना ग़लत नहीं है लेकिन उसके साथ अपराध बोध व नफ़रत की भावनाएँ याद आना तकलीफ़दायक है। आप अनचाहा बोझ अपने सिर पर उठाए हुए जीवन जीते हैं।

एक इंसान को देखकर अलग–अलग लोगों में अलग–अलग भावनाएँ उत्पन्न होती हैं। एक इंसान को देखकर किसी को क्रोध आता है, किसी को प्रेम, किसी को दया, किसी को ईर्ष्या तो किसी को द्वेष होता है। अगर आपको किसी के प्रति नफ़रत का भाव आता है तो वह नफ़रत का भाव आपके अंदर है, न कि सामनेवाले में है। आप सामनेवाले को ग़लत समझकर उसे सुधारना चाहते हैं और इस ग़लतफ़हमी में जीते हैं कि वह जब सुधरेगा, उसके बाद ही आपके जीवन में आनंद आएगा। जबकि समझ यह होनी चाहिए कि मुझे सामनेवाले को नहीं सुधारना है बल्कि अपने आपमें बदलाव लाना है। आप यह जितना जल्दी जानेंगे उतना जल्दी नफ़रत व अपराध बोध से मुक्त होंगे। प्रेम को भुलाकर, नफ़रत , ईर्ष्या, द्वेष को मन में रखकर, आप दूसरों का नहीं बल्कि अपना ही नुकसान कर रहे हैं। आप ऐसी ग़लत भावनाएँ रखकर न जाने कितनी मानसिक और

शारीरिक पीड़ाओं को आमंत्रित करते हैं।

विज्ञान भी इस बात की पुष्टि देता है कि जिस तरह के विचार और वृत्ति आप रखते हैं, वैसी बीमारी आपमें उत्पन्न होती है। अधिकतर लोगों में कुछ चीज़ों को पकड़कर रखने की आदत होती है। उदाहरण - कुछ लोग पुराने बिल और व्यर्थ की चीज़ें सँभालकर रखते हैं। ऐसे लोगों में पेट की तकलीफ़ (कब्ज़) देखी गई है। वैसे ही जिन लोगों पर न चाहते हुए ज़्यादा ज़िम्मेदारियाँ आ जाती हैं वे हमेशा कंधे में दर्द की शिकायत करते हैं। उसी तरह नफ़रत व अपराध बोध से भी शारीरिक विकास थम जाता है।

हर एक इंसान अपने अंदर निर्माण होनेवाले नफ़रत के विचारों से परेशान है और इनसे छुटकारा भी पाना चाहता है।

नकारात्मक विचारों से आप अपने जीवन में कुछ चीज़ों व लोगों से नफ़रत करने लगते हैं। यह प्रेम नियम के विरुद्ध है। नतीजन आप उन चीज़ों से दूर भागते हैं, जो आपको देखना या सुनना पसंद नहीं है। जैसे कुछ लोगों को गंदगी देखना पसंद नहीं है तो कुछ लोग रक्त नहीं देख पाते हैं। कुछ लोग भिखारी, बीमार, दुःखी और रोते हुए बच्चे नहीं देख पाते। कुछ लोग ऊँची आवाज़, गाड़ी के हॉर्न की आवाज़, कुत्तों के भौंकने की आवाज़ पसंद नहीं करते। यही नहीं बल्कि अपनी बुराई, अपने प्रियजनों की बुराई या किसी राजनेता, पसंदीदा अभिनेता या अभिनेत्री की बुराई नहीं सुन पाते। इस तरह आप जीवन का केवल एक ही पहलू स्वीकार करते हैं। अच्छी बातें स्वीकार करते हैं और बुरी बातों को अस्वीकार करके उनसे दूर भागते हैं। स्वीकार-अस्वीकार के इस खेल में, पुश-पुल में जीते हैं। यह संघर्ष जीवन के अंत तक चलता रहता है।

यह समझें कि अगर जीवन में एक ही पहलू रहेगा तो क्या होगा? बैटरी में सिर्फ पॉज़िटिव पोल हो और नेगेटिव न हो तो वह बैटरी काम नहीं करेगी। एक पोल के बिना दूसरा अधूरा है। जैसे सभी अमीर सुखी होते तो क्या होता? सभी सुखी होते तो कोई गरीब नहीं होता, किसी के घर में काम करनेवाली बाई काम करने नहीं आती। अगर सबकी आवाज़ लता मंगेशकर की तरह होती तो मधुर आवाज़ की कदर नहीं होती। सफ़ेद चॉक से लिखने के लिए ब्लैक बोर्ड की ही ज़रूरत पड़ती है। आप अगर ऐसे

गाँव में पहुँचे हैं जहाँ सब लोग तंदुरुस्त हैं और आपको उन्हें बताना है कि वे तंदुरुस्त हैं तो आप उन्हें कैसे बताएँगे? आप उन्हें यह नहीं बता पाएँगे। जब तक कोई बीमार नहीं होता तब तक उसे यह नहीं पता चलता कि वह स्वस्थ है। इसलिए तंदुरुस्ती की कीमत है क्योंकि कोई अस्वस्थ है। इसी तरह गरीबी की वजह से अमीरी की कीमत है। गंदगी की वजह से सफाई की कीमत है। दुश्मन की वजह से दोस्त की कीमत है। बुराई की वजह से अच्छाई की कीमत है। लोग मरते हैं तो आपको पता चलता है कि आप ज़िंदा हैं। ये बातें यदि समझ गए तो आपमें नकारात्मकता के प्रति नफ़रत ख़त्म हो जाएगी और ईश्वर की लीला के प्रति प्रेम जागेगा।

जैसे आप एक फ़िल्म देखने गए हैं, जिसमें कोई खलनायक नहीं है। अभिनेता और अभिनेत्री गाना गा रहे हैं। वे बाहर जाते हैं और उन्हें पुलिस पकड़ती है मगर पुलिस भी हीरो है, उसकी भी हीरोईन है, वे भी गाना गाते हैं। फिर अभिनेता के घर का एक नौकर है, उसकी भी हीरोईन है, वे भी गाना गा रहे हैं। फ़िल्म में अभिनेता का दोस्त भी एक हीरो है, जो अपनी हीरोईन के साथ गाना गाता है। ऐसी फ़िल्म ख़त्म होने के बाद आप फ़िल्म के बारे में क्या कहेंगे? आप कहेंगे कितनी बकवास फ़िल्म थी क्योंकि फ़िल्म में कोई खलनायक (नकारात्मक पहलू) नहीं था।

दुःख की वजह से सुख की कीमत है। एक कागज़ पर दो पहाड़ बनाएँ, उसमें खाई का निर्माण करें और खाई को मिटा दें तो पहाड़ भी नहीं बचेगा, वैसे ही दुःख को निकालेंगे तो सुख भी ख़त्म हो जाएगा। मृत्यु निकालेंगे तो जीवन भी निकल जाएगा। इसलिए सिक्के के दोनों पहलुओं को स्वीकार करना सीखें।

जीवन में कभी दुःख होता है तो कभी सुख, कभी नकारात्मक विचार होते हैं तो कभी सकारात्मक। आपको दिनभर कौन सा पहलू ज़्यादा याद रहता है? नकारात्मक या सकारात्मक? प्रेम या नफ़रत? हकीकत यह है कि दोस्तों से ज़्यादा दुश्मन याद आते हैं। वे लोग ज़्यादा याद आते हैं जिन्होंने कभी आपको मारा, डाँटा या किसी ने आपका काम नहीं किया, बुरा बरताव किया।

जीवन का लक्ष्य है नफ़रत से मुक्ति और सच्चे प्रेम का ज्ञान (प्रेम, प्रज्ञा)। लोग नफ़रत में जीते हैं क्योंकि उन्हें लोगों और चीज़ों

को स्वीकार करने की और उन्हें माफ करने की समझ नहीं होती है। माफ करने की कला सीखें। इससे अंदर की नफ़रत ख़त्म होगी और प्रेम जाग्रत होगा।

नीचे दिए गए 3 नियमों द्वारा दूसरों को माफ करें।

प्रयोग के नियम

1. **ईमानदारी (ऑनेस्ट थिंकिंग) :** अपनी भावनाओं को ईमानदारी से सही रूप में पहचानें और उन्हें स्वीकार करें। अपने आपसे सच बोलें और कपट मुक्त रहें। इस प्रयोग में आप कुछ पुरानी घटनाएँ याद करेंगे तब अपनी व दूसरों की गलतियाँ सामने आएँगी। पिछले अध्याय में दिए गए 'एच' ध्यान द्वारा आप यह कर पाएँगे।
2. **साहस :** आपके सामने कुछ ऐसी घटनाएँ भी आएँगी, जिनके बारे में आप सोचना नहीं चाहते और मन में दबा देते हैं। आपको ऐसी घटनाएँ साहस रखते हुए पूर्ण रूप से देखनी हैं।
3. **स्पष्टता :** यह प्रयोग करते वक़्त आपके विचारों में स्पष्टता और समझ हो। आपको हर घटना पूर्ण रूप से और स्पष्टता के साथ देखनी है। उन्हें आज की समझ के अनुसार देखें।

प्रयोग के तीन क़दम

1. इस प्रयोग में आपको भूतकाल में हुई कुछ घटनाएँ याद करनी हैं।
2. प्रयोग के दौरान यह समझ रखें कि भूतकाल में जो भी कर्म हुआ, वह उस समय जो आपकी समझ थी उसके हिसाब से हुआ। उस वक़्त आपके द्वारा वैसा ही प्रतिसाद निकलनेवाला था इसलिए वैसा हुआ।
3. आज तक जीवन में हुई सभी घटनाएँ देख लेने के बाद, उन्हें पूर्ण रूप से स्वीकार करके ख़ुद को व सामनेवाले को माफ करें।

   आँखें बंद करके यह प्रयोग करें और अपने भूतकाल में जाकर पूर्ण ईमानदारी से घटनाएँ देखना शुरू करें।

मुक्त प्रयोग द्वारा स्वयं को क्षमा करें

1. प्रयोग की शुरुआत में जब आप छोटे थे तब कौन सी घटनाएँ हुईं, उन्हें याद करें। अपने आपको बच्चे के रूप में देखें। अपने बचपन का चित्र सामने लाएँ कि बच्चा रो रहा है। उस बच्चे को गले लगाएँ और उससे कहें कि 'मैं तुमसे बहुत प्यार करता/करती हूँ।' वह बच्चा आप ही हैं।
2. अब देखें कि वह बच्चा बहुत गुस्से में है। शायद वह किसी से नाराज़ है। जब आप छोटे थे तब आपने अपने भाई या टीचर से झगड़ा किया था। आपके चुगली करने की वजह से किसी को मार पड़ी हो और आप उस बात को अब तक भुला नहीं पाए। आपने उस वक़्त जो भी किया वह उस वक़्त की समझ के अनुसार किया। उस घटना को याद करें, उस बच्चे को अपने नज़दीक लें और अपने आपको यह कहें कि 'मैं तुम्हें माफ करता हूँ क्योंकि उस वक़्त तुमने जो भी किया वह उस वक़्त की समझ अनुसार सही किया, मैं तुमसे बहुत प्यार करता हूँ, मैं तुम्हें माफ करता हूँ।'
3. शायद उस बच्चे (आप) ने कभी चोरी की हो और आज तक उसके दिमाग में वह बात बैठी है। आज अपने आपसे कहें, 'उस वक़्त तुमने जो भी किया वह उस वक़्त की समझ के अनुसार सही किया, मैं तुम्हें माफ करता हूँ।'
4. ऐसी घटनाएँ भी देखें जो आपको नहीं करनी थीं मगर हो गईं। कुछ ऐसा खाया जो नहीं खाना था, कुछ ऐसा पीया (सिगरेट, शराब) जो नहीं पीना चाहिए था या ऐसा कुछ किया जो आपको नहीं करना चाहिए था, जिन बातों की वजह से आप फँसे थे। आज अपने आपसे कहें, 'मैं ख़ुद को माफ करता हूँ। तुम जैसे भी थे, वैसे मैं तुम्हें पूर्ण स्वीकार करता हूँ।'
5. आइने में अपना चेहरा और रंग-रूप देखें। अपनी आँखें, बाल, नाक, सब कुछ देखें और कहें, 'तुम जैसे भी हो मैं तुम्हें उसी रूप में पूर्ण स्वीकार करता हूँ।' अपना शरीर, अपनी ऊँचाई, अपना रंग, अपने अवगुण, शारीरिक अस्वस्थता पूर्ण रूप से स्वीकार करें। अपने शरीर

व चेहरे को प्रेम से छुएँ और सहलाएँ। अब यह कहें, 'मैं तुमसे बहुत प्यार करता हूँ।' इस प्रयोग द्वारा आप अपराध बोध की भावना से मुक्त हो जाएँगे। स्वयं को माफ करके ही आप किसी और को माफ कर पाएँगे।

मुक्त प्रयोग द्वारा दूसरों को क्षमा करें

इस प्रयोग के दूसरे भाग में अपने साथ-साथ दूसरों को भी माफ करें।

1. सबसे पहले माता-पिता को अपनी आँखों के सामने लाएँ। उन्होंने शायद कभी आपको डाँटा या मारा हो। कुछ ऐसी घटनाएँ हुई हों, जिस कारण आप माता-पिता से अभी तक नाराज़ हैं। उन घटनाओं को एक-एक करके सामने लाएँ। माता-पिता ने जो भी किया सही किया, ऐसा समझें और उन्हें माफ करें क्योंकि जब भी इंसान जो करता है, वह उस वक़्त की समझ व जानकारी अनुसार करता है। मन ही मन अपने माँ-बाप से कहें, 'मैं आपसे प्रेम करता हूँ, मैं आपको माफ करता हूँ, आप भी मुझे माफ करें।'
2. कभी आपके भाई-बहन ने आपकी चुगली की हो और आपको मार पड़ी हो, उनकी इस्तेमाल की हुई पुरानी चीज़ें आपको मिली हों, उन्होंने आपको मारा हो या आपका अपमान किया हो। इन सभी बातों के लिए अपने भाई-बहन को भी माफ करें।
3. अपने सभी रिश्तेदारों-दोस्तों को देखें। शायद उन्होंने कभी आपसे ग़लत व्यवहार किया हो, छल किया हो तो उन्हें भी माफ करें। यह प्रयोग करके दूसरे नफ़रत से मुक्त हों या न हों आप तो मुक्त हो ही गए।
4. इसी तरह डॉक्टर, टीचर, पुलिस, पड़ोसी इत्यादि से संबंधित हुई घटनाएँ एक-एक करके सामने लाएँ, जो आपके साथ अब तक के सफ़र में हुई हैं। फिर उन लोगों को भी उसी तरह माफ करें, जिस-जिस तरह आपने अब तक रिश्तेदारों को माफ किया है।

अब अपनी आँखें बंद रखते हुए ही देखें कि आप आनंद में हैं। आपके अंदर की सभी गाँठें एक-एक करके खुल रही हैं। आप अपने

साथ-साथ सभी को माफ कर रहे हैं। जो भी घटनाएँ हुईं वे उस वक़्त की समझ के हिसाब से सही थीं मगर आज वैसा नहीं है। आज आपकी समझ बढ़ी है। आज आप पुरानी घटनाओं से बोझ मुक्त हो गए हैं। अब आगे का जीवन बोझ मुक्त होकर जीएँ।

> यह प्रयोग करने के बाद अपने आपसे सवाल पूछें कि 'क्या आप ख़ुद को और दूसरों को माफ कर पाए?' यह भी समझें कि आपको यह क्यों करना है। दूसरों को माफ करना, यह दूसरों पर नहीं बल्कि अपने आप पर एहसान करना है। नफ़रत, ईर्ष्या और द्वेष जैसी नकारात्मक भावनाएँ रखकर आप सबसे पहले तो ख़ुद का ही नुकसान कर रहे हैं। गन्ने की मशीन में गन्ना डालते हैं तो मिठास पहले मशीन को मिलती है और बाद में किसी और को। उसी तरह मशीन में पत्थर डालने पर पहला नुकसान मशीन का होता है और फिर किसी और का। वैसे ही जब आप किसी के प्रति नफ़रत रखते हैं तो पहले अपना ही नुकसान करते हैं इसलिए स्वयं को और दूसरों को माफ करके ख़ुद पर एहसान करें।

अपने जीवन को पूर्ण रूप से स्वीकार करें। आप जीवन को आधा ही स्वीकार करते हैं इसलिए आपको आंतरिक रूप से तकलीफ़ होती है। अगर आप जीवन को वह जैसा है वैसा पूर्ण रूप से स्वीकार करेंगे तो जल्द ही आप जैसे थे वैसे नहीं रहेंगे। आपके अंदर जो बेहतर इंसान है वह बाहर आएगा और आप बेहतरीन जीवन की ओर बढ़ेंगे।

प्रेम नियम को जीवन में उतारने के लिए क्या आप यह कर पाएँगे?

एक लड़की अपनी रूममेट के साथ रहती थी। अकसर उनके झगड़े होते थे। दोनों आपस में नाराज़ रहती थीं। ग़लती होने पर वे एक-दूसरे पर भड़क जाती थीं।

जब इस लड़की को प्रेम नियम और क्षमा का ज्ञान मिला तो उसने अपनी रूममेट को अपने लिए आइना बनाया। उसने स्वयं से पूछा, 'मैं उसे दोष दे रही हूँ कि वह मुझसे नाराज़ रहती है तो मैं कहाँ-कहाँ स्वयं से नाराज़ रहती हूँ?' इस तरह उसका फ़ोकस दूसरों से हटकर स्वयं की उन्नति पर गया। फिर उसने अपने पास्ट को मन में देखा। सबसे मन ही मन क्षमा माँगी और सभी को क्षमा भी किया। उसने ऐसा कई दिनों तक किया। फिर उसने बताया कि 'अब मेरे अंदर किसी के लिए नकारात्मक भावना बची ही नहीं। मैं स्वयं को मुक्त महसूस कर रही हूँ।'

अध्याय 23

प्रेम से निकली क्षमा, दवा है

नफ़रत से मुक्ति

प्रेम बिना किसी तलवार के अपने साम्राज्य पर शासन करता है।

– सूक्ति

नफ़रत से मुक्ति के लिए क्षमा रामबाण तरीक़ा है। न केवल दूसरों को क्षमा करना बल्कि स्वयं को भी क्षमा करना आपको नफ़रत व ग्लानि जैसे कई विकारों से मुक्त कर सकता है। आइए सही तरीक़े से क्षमा करना सीखें।

क्षमा करना यानी सामनेवाले ने कोई ग़लती की और फिर भी आपने उस ग़लती की सज़ा न देते हुए उसके साथ ठीक वैसा ही व्यवहार जारी रखा, जैसा आप उसके ग़लती करने से पहले करते थे तो यह सही तरीक़े से क्षमा करना हुआ।

क्षमा का पात्र हर कोई है क्योंकि हर इंसान ग़लती करता है। हर इंसान इसलिए ग़लती करता है क्योंकि हरेक के पास हर जानकारी नहीं होती। राजा दशरथ ने ग़लत अनुमान लगाकर श्रवण कुमार की हत्या की। उन्होंने श्रवण कुमार को हिरन समझकर तीर मार दिया, जिससे दुःखी होकर श्रवण कुमार के माता-पिता की भी मृत्यु हो गई। बताने का तात्पर्य यह है

कि गलतियाँ सभी से हो सकती हैं।

सही ढंग से क्षमा करना सीखें

कई बार ऐसा होता है कि आप छोटी-छोटी घटनाओं में सामनेवाले को क्षमा कर पाते हैं मगर बड़ी घटनाओं में क्षमा नहीं कर पाते। आप अंदर ही अंदर कुढ़ते रहते हैं। ऐसी घटनाओं में भी आप क्षमा कर पाएँ इसलिए आपको सही ढंग से क्षमा करना सीखना है। बड़ी घटनाओं में आप क्षमा नहीं कर पा रहे हैं तो सामनेवाले को सज़ा देना चाहते हैं या आप सोच-सोचकर ख़ुद को सज़ा देना चाहते हैं? इसलिए पहले यह देखें कि क्या छोटी घटना में आप दूसरों को क्षमा कर पा रहे हैं? उसके बाद यह देखें कि क्या क्षमा करने की आवश्यकता है? अपने आपसे सवाल पूछें कि 'क्या मेरी समझ वैसी नहीं हुई है, जहाँ पर मैं तेज क्षमा कर पाऊँ?' इन सभी सवालों के साथ आपको हर घटना में अपनी समझ का स्तर बढ़ाना है।

आज आप बड़ी घटनाओं में क्षमा नहीं कर पा रहे हैं तो ठीक है मगर आपका इरादा यही होना चाहिए, जिस वजह से आप हर रिश्ता प्रेम-क्षमा के दृष्टिकोण से देख पाएँ।

क्षमा करने का अर्थ आपको सामनेवाले को कुछ भी नहीं कहना है, ऐसा नहीं है। सामनेवाला आगे भी उस तरह की गलतियाँ न करे इसलिए जो बताने योग्य है वह उसे ज़रूर बताएँ। इस तरह प्रशिक्षण द्वारा आप सामनेवाले को क्षमा करते हुए उसके बरताव में परिवर्तन ला सकते हैं।

क्षमा माँगने का उद्‌देश्य

आपको जिस तरह क्षमा करना सीखना है, उसी तरह सामनेवाले से क्षमा माँगना भी सीखना है। अगर सामनेवाला आपको क्षमा नहीं कर रहा है तो वह आगे कभी क्षमा नहीं करेगा, ऐसा न समझें। पहले यह समझें कि वह इस वक़्त आपको क्षमा नहीं कर रहा है तो ऐसी अवस्था में आपको 'नहीं' को कैसे लेना है? आप 'नहीं' को 'अभी नहीं' ऐसा समझेंगे। सामनेवाला कह रहा है, 'अभी मैं तुम्हें क्षमा नहीं कर सकता।' तो आप कुछ समय के बाद फिर से क्षमा माँगें, जिससे आपके साथ सामनेवाले का फ़ायदा होनेवाला है। आपको क्षमा इसलिए भी माँगनी है ताकि वह

इंसान नफ़रत से बाहर आ जाए। यहाँ पर आपका उद्देश्य प्रेम होना चाहिए।

कई बार ऐसा होता है कि क्षमा माँगने के कुछ समय बाद वापस नफ़रत के विचार आने लगते हैं। ऐसे समय पर याद करें कि आप क्या भूल गए हैं? आपको ऐसा क्या याद आया था जिस वजह से आप क्षमा कर पाए थे? आप क्या भूल गए हैं जिस वजह से नफ़रत वापस आ रही है? आपको क्षमा करने के लिए जो समझ मिली है, वह समझ अगर आप याद करेंगे तो आसानी से क्षमा साधना कर पाएँगे।

क्षमा करने का राज़

तेज क्षमा की दृष्टि से देखेंगे तो आपको यह पता चलेगा कि ईश्वर ने इतनी उच्चतम व्यवस्था बनाई है कि जैसे विचार इंसान को आएँगे वैसी परिस्थिति निर्माण होती जाएगी। ईश्वर यह लेखा-जोखा नहीं रखता कि 'उसे सज़ा देनी है... दंड देना है... इसे क्षमा करना है...।' ईश्वर के सब कार्य स्वचलित हैं।

इंसान अपने अंदर नफ़रत के विचार जगाएगा तो उन विचारों से उसे ही तकलीफ़ होनेवाली है। आग में हाथ डालेंगे तो हाथ जलने ही वाला है, यह ईश्वर का नियम है। ईश्वर यह निर्णय नहीं करता है कि 'इंसान आग में हाथ डाल रहा है, वह ग़लत कर रहा है इसलिए उसका हाथ जलना चाहिए।' ईश्वर की कार्यप्रणाली स्वचलित है। ईश्वर न क्षमा करता है, न सज़ा देता है। ईश्वर सिर्फ इंसान की माँग (ऑर्डर) पूरी करता है फिर चाहे वह ऑर्डर इंसान अज्ञान में माँगे या समझ से माँगे। यह बात एक उदाहरण द्वारा समझें।

एक बच्चा कहता है कि मुझे एक भयानक फ़िल्म देखने जाना है। यह उसने अपना ऑर्डर दिया। जबकि अज्ञान में उसे यह पता नहीं है कि वह फ़िल्म देखकर डर जाएगा, उसके मन में कई दिनों तक डर के विचार चलेंगे। उन विचारों की वजह से उसे रात को सपने में भयानक चित्र भी दिखाई देंगे। फिर भी उस बच्चे की इच्छा पूरी होती है, उसका ऑर्डर पूरा होता है यानी अज्ञान में भी दिया हुआ ऑर्डर ईश्वर पूरा करता है। एक इंसान अज्ञान में कुछ माँगता है, दूसरा ज्ञान में कुछ माँगता है, दोनों की इच्छाएँ पूरी होती हैं। फिर

उसे क्षमा करने की या सज़ा देने की बात ही नहीं आती। इस तरह अज्ञान और ज्ञान दोनों में दिए गए ऑर्डर ईश्वर पूर्ण करता है। यह उसकी कार्यप्रणाली है।

क्षमा करने के फायदे

सामनेवाले के ग़लती करने पर आप उसे क्षमा करेंगे तो आप नफ़रत की नकारात्मक भावना से मुक्त हो जाएँगे। क्षमा करने से सामनेवाला मुक्त हो या न हो, यह दूसरी बात है किंतु सामनेवाले को क्षमा करके आप ज़रूर मुक्त हो जाते हैं, यह सबसे बड़ा फ़ायदा है। अगर आपने क्षमा नहीं किया तो आपके अंदर पुराने विचार ही चलते रहेंगे। आप ऐसे मौकों की ताक में रहेंगे जहाँ सामनेवाले को उसकी ग़लती का एहसास करवाकर मज़ा चखाया जाए। अज्ञान में इंसान को किसी से नफ़रत, ईर्ष्या, द्वेष करना तो अच्छा लगता है मगर आगे चलकर ये भावनाएँ चर्म रोग बन जाती हैं।

क्षमा का उच्चतम जवाब

अगर आपने क्षमा को उच्चतम ढंग से समझा तो क्षमा करने की ज़रूरत ही नहीं पड़ेगी। इसके बावजूद क्षमा दिवस रखा जाता है क्योंकि एक सामान्य स्तर का इंसान उच्चतम जानकारी नहीं रखता, उसे कुछ बातों का पूर्ण ज्ञान नहीं होता है। जिन लोगों को ऐसी जानकारी नहीं है, उनके लिए यह दिन रखना आवश्यक है ताकि वे क्षमा करना सीखें।

आज तक क्षमा पर संतों ने अलग-अलग जवाब दिए हैं। उनमें से वे ही जवाब प्रसिद्ध हुए जो जन-साधारण के लिए थे। ईश्वरीय प्रेम को समझते हुए उच्च जवाब यह है कि 'सामनेवाले ने ग़लती की ही नहीं है इसलिए उसे क्षमा करने की आवश्यकता भी नहीं है। क्षमा करना पड़ रहा है इसका अर्थ आपको समझ (अंडरस्टैण्डिंग) नहीं है इसलिए आप क्षमा कर रहे हैं।' जब आप एक ही चैतन्य को अपने अंदर और सामनेवाले में भी देख पाते हैं तो आप सामनेवाले के बरताव को ग़लती नहीं समझते। यह बात एक उदाहरण द्वारा समझें।

आप स्टेज पर एक नाटक कर रहे हैं, जिसमें आप अपनी भूमिका निभाने जा रहे हैं। नाटक में सामनेवाले को एक लाइन दी गई है, जिसमें उसे आपको गाली देनी है। जब नाटक में सामनेवाला अपनी लाइन पढ़ता

है यानी आपको गाली देता है तो आपके मन में यह नहीं आता कि 'सामनेवाले ने मुझे गाली दी है तो अब मैं इसे क्षमा करूँ कि नहीं करूँ?' बल्कि आप तो यह सोचते हैं कि 'सामनेवाला कितनी अच्छी एक्टिंग कर रहा है। वह पूरी तरह अपने किरदार में घुस गया है। हमारे नाटक को बहुत अच्छा प्रतिसाद मिलेगा।'

स्टेज पर होश में आपको बहुत स्पष्ट होता है कि आप भी स्टेज पर हैं और सामनेवाला भी स्टेज पर है। वह अपने डायलॉग बोल रहा है इसलिए उसमें क्षमा करने की बात ही नहीं है। स्टेज पर आपको बहुत स्पष्ट है कि सामनेवाले ने ग़लती की ही नहीं।

ठीक इसी तरह हम सब जानते हैं कि पृथ्वी पर भी ईश्वर की लीला चल रही है। ईश्वर इसका निर्देशक है और हम सब अपना पात्र निभा रहे हैं। सवाल यह है कि जितना स्पष्ट हम स्टेज से देख पा रहे थे क्या अपने जीवन को भी हम उतना स्पष्ट देख पाते हैं? जितनी स्पष्टता हमें नाटक के किरदारों के विषय में थी, क्या उतनी ही स्पष्टता हमें ईश्वर द्वारा रचे गए किरदारों के बारे में है?

समझ के इन आयामों पर गहराई से मनन करें तो क्षमा रहस्य आपके सामने होगा। यदि हम उपरोक्त बात को अच्छी तरह समझ पाए तो इस अध्याय में दिए गए उच्चतम जवाब को भी आप समझ पाएँगे। इस उच्च जवाब को समझने के लिए चाहिए ईश्वरीय प्रेम, जिसे आप अगले खण्ड में समझने जा रहे हैं।

प्रेम नियम को जीवन में उतारने के लिए क्या आप यह कर पाएँगे?

एक वकील थे। अपने भाई के साथ उनके संबंध काफ़ी बिगड़े हुए थे। आए दिन उनका भाई के साथ झगड़ा होता रहता था। एक दिन उन्होंने निश्चय किया कि ये सब बहुत हुआ, अब रिश्ता सुधरना चाहिए। उन्होंने अपने भाई को फोन किया और फोन पर वे यह भूल ही गए कि उन्हें संबंध सुधारने के लिए फोन किया था। आदतन वे दोनों आधे घंटे तक फोन पर झगड़ते रहे। काफ़ी देर बाद उन्हें याद आया कि 'मुझे तो अपने भाई के साथ अच्छा रिश्ता बनाना है।' जैसे ही उन्हें याद आया तुरंत उन्होंने विषय बदला और भाई से कहा, 'हकीकत में मैंने तुमसे माफ़ी माँगने के लिए फोन किया था। मैं तुमसे माफ़ी माँगता हूँ, मैंने आज तक बहुत गलतियाँ की हैं, तुम कृपा करके उन्हें भुला दो, अनदेखा कर दो।' उसके बाद दोनों भाई आधा घंटा प्रेम पूर्वक बातें करते रहे। समझ मिलते ही कितनी आसानी से यह संभव हो पाया।

खण्ड 7

प्रेम की चरम सीमा

ईश्वरीय प्रेम की ओर

प्रेम नियम वाक्य

'जो देने से मिले, लेने से घटे।
जो बिन फ्रेम प्रेम है,
वही प्रेम नियम है।'

अध्याय 24

प्रेम की महक देनेवाले कौन

चार तरह के प्रेम

तेजप्रेम में दुःख नहीं होता, करुणा होती है। जो किसी बुरे विचार या चिंता की वजह से नहीं बल्कि आनंद की वजह से आती है।

आख़िर ईश्वरीय प्रेम की पहचान कैसे हो? इसका जवाब बहुत ही सरल है– सद्‌गुरु तक पहुँचें। वे ही हमें ईश्वरीय प्रेम यानी तेजप्रेम की पहचान करवा सकते हैं।

तेजप्रेम को पहचानना हो तो हमें प्रेम के विषय में अपनी कल्पनाओं को मन से हटाकर उसका सच्चा अर्थ जानना होगा। फिर चाहे वह किसी भी रूप में, किसी भी पोशाक में सामने आए, हमारे लिए उसे पहचानकर अपनाना आसान, सहज और सरल होगा। तो आइए, मंथन क्रांति से जाग्रत तेजप्रेम को एक उदाहरण से समझें।

एक बार गुरु गोविंद सिंहजी ने शिष्यों की परीक्षा लेनी चाही। उन्होंने तंबू में पहले पाँच बकरे बाँधकर रख दिए और उपस्थित समूह के सामने जिनकी संख्या लगभग पाँच हज़ार थी, हाथ में नंगी तलवार लेकर आए और कहा, 'क्या तुममें से कोई एक अपना सिर देने को तैयार है? हमें एक सिर की ज़रूरत है।' यह सुनकर सारे लोग स्तब्ध हो गए। गुरु गोविंद

सिंहजी ने फिर से पूछा, 'क्या कोई भी मुझे अपना सिर देने के लिए तैयार नहीं?' इतने में एक सिख सामने आया। वे उसे तंबू के अंदर ले गए और उसे एक ओर बैठाकर तलवार से एक बकरे का सिर काट दिया। फिर खून से सनी तलवार लेकर वे बाहर आए और कहा, 'अभी भी एक सिर की कमी है। क्या कोई एक और सिर दे सकता है?' एक और सिख सामने आया। उसे भी वे अंदर ले गए और बाहर आकर एक और सिर की माँग की। इस तरह कुल पाँच सिख अपना सिर देने के लिए तैयार हुए। उन सबको अंदर बैठाकर वे फिर बाहर आए और नए सिर की माँग की। पाँच सिखों का हश्र (अंत) देखकर बाकी के सिख डर गए। कोई भी सामने आने को तैयार नहीं हुआ। तब गुरु बोले, 'बड़े दुःख की बात है कि पाँच हज़ार में से केवल पाँच ही ऐसे निकले, जिन्होंने गुरु की खातिर अपना सिर देने की पेशकश की।' फिर अंदर बैठे पाँचों सिखों को बाहर लाकर उन्होंने कहा, 'तुम लोगों की मैं परीक्षा ले रहा था और इसमें ये पाँच ही खरे उतरे। इसलिए आज से ये 'पंच प्यारे' कहलाएँगे।' आज भी सिख समुदाय में 'पंच प्यारे' की बड़ी महिमा है।

गुरु गोविंद सिंहजी अपने शिष्यों की परीक्षा ले रहे थे क्योंकि वे चाहते थे कि उनके शिष्य तैयार होकर आगे बढ़े। शिष्यों के प्रति यह उनका तेजप्रेम ही था। वे पाँच शिष्य गुरु को अपना सिर देने के लिए तैयार हुए क्योंकि वे गुरु से तेजप्रेम करते थे। गुरु के प्रति तेजप्रेम की अवस्था प्राप्त करने के लिए उन्होंने महीनों मंथन किया था। प्रेम के प्रति मन में उठ रहे संघर्षों पर विजय प्राप्त की थी। सद्‌गुरु के प्रति तेजप्रेम के चलते वे पाँच शिष्य अपना सिर तक देने के लिए तैयार हो गए। इससे समझ में आता है कि उन्होंने विचारों पर विजय पाई। सद्‌गुरु के प्रति तेजप्रेम के महत्त्व को वे भली-भाँति समझते थे इसलिए इस घटना में उनका मन स्थिर रहा, उनके मन में कोई शंका नहीं आई। तेजप्रेम में ही यह संभव है।

तेजप्रेम को पूरी तरह से समझने के लिए आपके अंदर चार लोग होने चाहिए। माँ, पिताजी, मित्र और गुरु। अगर ये चारों आपके अंदर हैं तो आप ईश्वरीय प्रेम और सच्चे प्रेम को समझ सकते हैं। आपको अपने अंदर इन चारों को जगाना है या इनमें से कम से कम एक को तो जगाना ही है। अगर एक को ही जगाना है तो आप किसे जगाएँगे? सिर्फ माँ को जगाया

तो इंसान पिता के प्रेम को नहीं समझ पाता। पिता को जगाया तो माँ के प्रेम से महरूम रह जाता है। मित्र को जगाना अच्छा तो ज़रूर लगता है मगर प्रेम का पूरा आयाम समझ में नहीं आता। सद्‌गुरु को जगाया तो कम से कम वे इन सब बातों को समझा सकते हैं।

सद्‌गुरु शब्द आते ही वह 'अज्ञान' टूट सकता है, जिसमें इंसान एकतरफ़ा प्रेम ही समझ पाता है। सद्‌गुरु को जगाकर अन्य तीनों को जगाना आसान है। सद्‌गुरु को जगाने के बाद इंसान समझ पाता है कि उसके जीवन में प्रेम की कितनी ज़रूरत है। असली प्रेम के लिए जो गुण होने चाहिए वे आपको पता चलते हैं। सद्‌गुरु आपको पहले माँ के प्रेम से ईश्वरीय प्रेम समझाएँगे क्योंकि माँ इस पृथ्वी का पहला घर है, जहाँ से हर इंसान आया है।

1. माँ-पिता का प्रेम

माँ के पेट में बच्चा आराम से जीवन जीता है। बच्चा जब पेट में हिलता-डुलता है तब माँ को तकलीफ़ होती है मगर इससे माँ का प्रेम बच्चे के प्रति कम नहीं होता। बच्चा जब हिलना बंद करता है तब माँ को ज़्यादा चिंता होती है। बच्चे के हिलने से जो दर्द मिलता है, वह माँ को अच्छा लगता है। आपसी संबंधों से जो दर्द मिलता है, उससे रिश्ते टूटते हैं मगर माँ का प्रेम नहीं टूटता। माँ नौ महीने अपने पेट के अंदर बच्चे को बेशर्त प्रेम देती ही है पर बाहर की दुनिया में जब बच्चा आता है तब भी वह बच्चे की योग्यता नहीं देखती, उसे बिना शर्त प्रेम देती रहती है।

थोड़ा बड़ा होने पर बच्चे को पिता के प्रेम की आवश्यकता महसूस होती है। पिता का प्रेम बच्चे को बाहर की दुनिया में प्रेम करना सिखाता है, जिससे दुनिया में वह जी पाए, पेट के लिए पैसे कमा पाए। बाहर की दुनिया में बच्चे को अपनी योग्यता सिद्ध करनी पड़ती है तब जाकर उसे लोगों द्वारा प्रेम प्राप्त होता है, जिसके लिए पिता बच्चे की पूरी तैयारी करवा लेता है। पिता अपने उपरांत कारोबार का वारिस उसी बच्चे को बनाता है, जो अपनी योग्यता सिद्ध करता है।

माँ ऐसा नहीं करती। जो बच्चा सबसे कमज़ोर होता है, माँ उसी की तरफ ज़्यादा ध्यान देती है। माँ बच्चे को अमर प्रेम देती है। अमर प्रेम

यानी जो प्रेम कभी मरता नहीं है क्योंकि माँ तेजप्रेम के सबसे नज़दीक है।

पिता की ज़िम्मेदारियाँ अलग होती हैं, माँ की ज़िम्मेदारियाँ अलग होती हैं। बच्चे को दोनों प्रेम की आवश्यकता होती है। जिन बच्चों को एक ही प्रेम मिलता है, वे जीवनभर दूसरा प्रेम ढूँढ़ते रहते हैं। माँ और पिता का प्रेम जब जुड़ता है तब बच्चे के जीवन में पूर्णता आती है। ये दोनों प्रेम इंसान पाना चाहता है।

2. मित्र का प्रेम

मित्र के प्रेम में सम्मान मिलता है। मित्र अपने मित्र को समझने और जानने के लिए समय देता है। जब एक मित्र दूसरे मित्र से कहता है कि 'मुझे अकेले में थोड़ी देर बैठना है' तो असली मित्र उसे कुछ समय के लिए अकेला छोड़ देता है; उसका आदर करते हुए उसकी ज़रूरतों को पूर्ण करता है। मित्र के प्रेम से हमें यह पता चलता है कि हर एक को उचित सम्मान मिलना उसका अधिकार है।

3. सद्‌गुरु का प्रेम

सद्‌गुरु का प्रेम हमें ईश्वरीय प्रेम की असलियत बताता है। सद्‌गुरु स्वयं ईश्वरीय प्रेम के प्रतीक हैं। वे हमारे तेज रिश्तेदार* हैं। इस एक रिश्ते में सभी रिश्ते समाए हैं। अन्य रिश्तों के प्रेम से कई बार इंसान की वृत्तियों को बढ़ावा मिलता है मगर सद्‌गुरु का प्रेम हमें वृत्तियों से मुक्त करता है। ईश्वरीय प्रेम करना सिखाता है।

4. ईश्वरीय प्रेम

बच्चा बड़ा होकर जब प्रेम का रहस्य जान जाता है तब वह जान पाता है कि सच्चे प्रेम की खोज कहाँ ख़त्म होगी तब उसे ईश्वर से प्रेम होता है। ईश्वर के अंदर सब समाया हुआ है।

प्रेम में ही लोग कपटमुक्त होते हैं। प्रेम देना शुरू कर दिया तो देखेंगे कि ईश्वरीय प्रेम मिलने लगता है और ईश्वर को हम जान पाते हैं। नास्तिक लोग ईश्वर से प्रेम नहीं कर सकते बल्कि ईश्वर को उलटा-सुलटा बोलते

**तेज का अर्थ है दो से परे , जैसे नफ़रत और प्रेम से परे है तेजप्रेम।*

हैं। इससे उन्हें जीवन के अंत तक कुछ नहीं हासिल होता। उनके लिए ईश्वर हमेशा एक रहस्य बना रहता है। अगर आप प्रेम (ईश्वर) को जानना चाहते हैं तो आपको प्रेम करना सीखना होगा। अगर आप चाहते हैं कि ईश्वर आपसे बात करे तो आपको प्रेम करना सीखना होगा क्योंकि प्रेम में ही सामनेवाला निडरता से कपटमुक्त बता सकता है।

सद्‌गुरु द्वारा ये सब बातें सामने रखी जाती हैं, जिससे इंसान का अज्ञान दूर होता है। फिर इंसान दूसरों को तंग करने की मूर्खता छोड़ देता है, जिससे हिंसा ख़त्म हो जाती है और अहिंसा (सच्चे प्रेम) की शुरुआत होती है। ईश्वरीय प्रेम हमें समाधि अवस्था तक ले जा सकता है।

अध्याय 25

प्रेम समाधि

सती बनकर प्रेम की अग्नि परीक्षा

प्रेम से प्रेम ही भक्ति है, भक्ति की शक्ति से मुक्ति है।

'ढाई अक्षर प्रेम के, पढ़े सो पंडित होए'– ये शब्द संत कबीर ने अपने अनुभव से कहे हैं लेकिन आज के युग में लोग कबीर वाणी को सुनकर प्रेम के अपने ही अर्थ निकाल लेते हैं। उन्हीं अर्थों को पकड़कर सारी ज़िंदगी प्रेम की ग़लत धारणा में गँवा देते हैं और असली प्रेम से वंचित रह जाते हैं। अब समय आया है, प्रेम का असली अर्थ समझने का।

ईश्वर का गुण क्या है, सर्वोपरि जवाब यह है कि ईश्वर प्रेम से भरा हुआ है। हर धर्म, जाति, सभ्यता के लोग यह विश्वास रखते हैं कि ईश्वर उनसे प्रेम करता है और उनकी सभी गलतियाँ माफ करता है। यह धारणा सभी में एक जैसी कैसे बनी? कारण हैं वे लोग, जिन्हें सत्य का साक्षात्कार हुआ। हर शरीर में अनुभव एक सा था इसलिए सभी का जवाब भी एक सा आया। किसी ने कहा, 'दूसरों के साथ ऐसा व्यवहार करें, जैसा आप चाहते हैं कि लोग आपसे करें।' इस तरह की शिक्षा के पीछे मूल समझ यह थी कि 'जो आप दूसरों के साथ करते हैं, वह दरअसल आप अपने साथ

करते हैं।' कारण, दूसरे और आपमें कोई फ़र्क़ नहीं है। हम सबमें एक ही चैतन्य का वास है, एक ही शक्ति की अभिव्यक्ति है। बाहर से हम चाहे कितने भी अलग-अलग क्यों न लग रहे हों, पर सच्चाई यह है कि हम सभी एक ही आंतरिक अनुभव में हैं।

यही अनुभव जब किसी शरीर में प्रखर होने लगता है, तभी वह प्रेम का असली अर्थ जान पाता है। उसके पहले तो वह प्रेम को एक हथियार की तरह इस्तेमाल करता है कि 'तुम मेरा यह काम करोगे तो मैं तुम्हे पसंद करूँगा वरना हमारा रिश्ता ख़त्म।' इस तरह प्रेम का निम्न इस्तेमाल होने से उसकी सुगंध दुर्गंध में बदल गई। प्रेम की ताक़त उसकी कमज़ोरी बन गई, जादू बेअसर हो गया। प्रेम प्रार्थना बनने के बजाय वासना बनकर रह गया।

प्रेम की वह तड़प दुःख बनकर रह गई, जो महाआनंद बन सकती थी। प्रेम की अग्नि शीतल अग्नि न बनकर नर्क की आग बन गई। प्रेम का करिश्मा खोखला बनकर रह गया। प्रेम की नगरी पैसों का व्यापार बन गई। प्रेम के गीत मन-भंजन भजन नहीं बने बल्कि मनोरंजन के साधन बन गए। प्रेम का अमृत अंधश्रद्धा की मदिरा और बेहोशी का साधन बन गया।

प्रेम का बल जो सेवा बन सकता था, वह निजी स्वार्थ बन गया। प्रेम की याद निराकार की ओर ले जाने के बजाय, अहंकार की पुष्टि बन गई। प्रेम का अनुभव पूर्णता खो चुका। प्रेम के दीवाने विचित्र नज़रों से देखे जाने लगे। प्रेम की आवाज़ शोर बनाकर दबा दी गई।

अगर प्रेम के साथ ऐसा अत्याचार हुआ तो वह अज्ञान की वजह से लेकिन अब वह अज्ञान दूर करने का समय आया है। यही बात ध्यान में रखते हुए नया शब्द बना है - 'तेजप्रेम'। 'तेज' शब्द का अर्थ भली-भाँति जान लें। 'तेज' यानी जो दो से परे है। तेजज्ञान यानी वह ज्ञान जो ज्ञान व अज्ञान से परे एक है। स्वयं अनुभव के बाद ही तेजप्रेम की महिमा समझी जा सकती है।

मन का समर्पण

सती प्रथा को सभी जानते हैं। पति की मृत्यु होने पर उसकी जीवित पत्नी को मृत पति के साथ ज़िंदा जला दिया जाता था, जो कि एक ग़लत प्रथा थी।

यहाँ जिस सती प्रथा का ज़िक्र किया जा रहा है, वह शारीरिक स्तर पर नहीं है। यह शरीर का नहीं, मन का समर्पण करवानेवाली प्रथा है।

यह समर्पण है अपने 'मैं' का, अपने 'अहंकार' का। इस समर्पण के बिना न तो प्रेम प्राप्त होगा और न ही भक्ति सध जाएगी।

प्रेम और भक्ति के मार्ग में 'मैं' (अहंकार) ही सबसे बड़ी समस्या है। जब यह अहंकारी, विकारी 'मैं' हट जाता है तब रिश्तों में अपने आप सुधार आने लगता है और इंसान सच्चे प्रेम की झलक पाता है। उसे समझ में आता है कि यही तो है वह, जिसकी उसे तलाश थी। फिर वह बार-बार उस सच्चे प्रेम का अनुभव करना चाहता है।

इंसान जब भक्ति से स्वयं को अलग समझने लगता है तब न तो वह पूरी तरह से प्रेम का अनुभव कर सकता है और न ही भक्ति का रस चख सकता है। क्योंकि ऐसा इंसान सतह पर ही रहता है। उसके गले में बंधे अहं के, अन्य विकारों के गुब्बारे उसे प्रेम तथा भक्ति के सागर में डूबने नहीं देते। जिसके फलस्वरूप उसके हाथ आते हैं, सतह पर उमड़नेवाले विचार रूपी बुदबुदे। तब हर बुदबुदे को लगता है कि वह औरों से अलग है। परंतु उसे यह समझ में नहीं आता कि वह अपने आपको कितना भी अलग क्यों न समझे, आख़िर है तो सागर का ही एक अंश।

बुदबुदों के साथ रहेंगे तो बुदबुदा बनकर रह जाएँगे, गहराई में डुबकी लगाएँगे तो मोती मिल जाएँगे। प्रेम, भक्ति का सागर ऐसा सागर है, जिसमें तर जाने के लिए डूबना पड़ता है।

मन का आइना

अपने मन को खुला रखें, खाली करें और आइने की तरह बनाएँ। अगर किसी दिन आप सज-धजकर आइने के सामने खड़े हो जाते हैं तो आइना आपको आपकी सजीली प्रतिमा दिखाता है लेकिन वह उस प्रतिमा को कायम नहीं रखता। दूसरे दिन जब आप नींद से उठकर आइने के सामने खड़े हो जाएँगे तब वह आपको आपकी कलवाली सजीली प्रतिमा नहीं दिखाता बल्कि उस समय वह आपको जैसे उस समय आप हो, वैसे दिखाता है। अगर आइना प्रतिमाएँ स्टोर करने लगे, पुरानी प्रतिमाओं को दोहराने लगे तो हम अपना वर्तमान रूप कभी देख ही नहीं पाएँगे।

मान लीजिए, कल आपका कोई दोस्त आइने के सामने खड़ा हो और आइने ने उसकी प्रतिमा को ही प्रमाण मानकर कायम कर दिया तो आप

आइने के सामने जाएँगे तब अपनी नहीं, अपने दोस्त की प्रतिमा देखेंगे।

समय और प्रेम

मन भले ही पुरानी यादों में अटका हो लेकिन समय नहीं अटकता। वह तो निरंतर आगे दौड़ता रहता है। समय के साथ रिश्ते भी बढ़ते रहते हैं, उसके स्वरूप बदलते रहते हैं। हमें रिश्तों को विकसित करना हो तो समय के साथ वर्तमान में रहना होगा। और इस वर्तमान में अपने शारीरिक 'मैं' का बोझ उतारकर, हलका होकर चलना होगा। फिर प्रेम, प्रेम नहीं बल्कि समाधि हो जाएगा।

जब तन और मन सेल्फ़ में डूब जाते हैं तब समाधि की अवस्था प्राप्त होती है। इस अवस्था में मोह, माया, अहंकार, क्रोध जैसे सभी शारीरिक विकार लुप्त होकर असली मैं (सेल्फ़) जाग्रत हो जाता है। वह एक ऐसा खालीपन होता है, जहाँ पर सत्य के साथ सब कुछ स्वीकार्य होता है। मन केवल आनेवाले हर एक अनुभव को स्वीकार करता रहता है। ऐसे खालीपन में सभी मूल भाव प्रकट होते हैं। प्रेम हो या समाधि, दोनों को साधने के लिए यही खालीपन आवश्यक होता है। यह ऐसा समर्पण होता है, जहाँ अन्य विकारों के साथ डर का भी समर्पण किया जाता है।

सती अवस्था को प्राप्त करना कोई एक दिन में होनेवाली बात नहीं है, इसके लिए कड़ी साधना करनी पड़ती है। साधना कैसी? आइए, जानते हैं।

सभी विकार मन को फाँसने के लिए कोने-कोने में घात लगाए होते हैं और अल्हड़ मन बार-बार उनकी ओर खिंचा चला जाता है। ऐसे में हमें अपने ही मन पर बारीक नज़र रखकर उसे तत्काल विकारों से मुक्त करके हृदयस्थान पर वापस लाना होता है। यही साधना है, जो साधक को समाधि अवस्था में ले जा सकती है। उस अवस्था तक पहुँचना, उसका अनुभव करना और उस अनुभव को पहचानना भी साधना ही है। यह हर किसी के बस की बात नहीं होती। इसलिए समाधि अवस्था भी हर किसी को नहीं प्राप्त हो सकती, न ही सिखाई जा सकती है। इसके लिए हमें गुरु के मार्गदर्शन में स्वयं को प्रशिक्षित करना होता है। समाधि का अनुभव विरला होता है और यही सही है वरना इंसान की व्यवहारी बुद्धि ने समाधि अनुभव के भी दुकान खोलकर इसके भी मूल्य लगाए होते। जबकि सतह

से सती तक ले जानेवाले इस अमूल्य अनुभव का एक ही मूल्य है और वह है, मन की शुद्धता।

घर में आए कीड़े-मकोड़ों को दूर भगाकर घर को शुद्ध रखने के लिए हम घर में अग्नि जलाकर उसमें कई औषधि वनस्पतियाँ या धूप जलाते हैं। मन की शुद्धि के लिए हमें मन को सती बनाना है। सत्य की अग्नि में विकारों को जलाना है। इस सती प्रथा की जलन पीड़ादायी नहीं होती, वह तो पीड़ा से मुक्ति दिलाती है। इसका परिणाम शुभ है, जो शुभता का आवाहन करता है।

यही सती प्रथा है। जिस प्रकार अग्नि प्रवेश से सीता सती हुई थी, उसी प्रकार यह प्रेम की, भक्ति की अग्नि परीक्षा है, जिसमें सभी मनोविकार खाक होकर केवल शुद्ध प्रेम भाव, भक्ति भाव बाकी रह जाता है, निखर आता है। ऐसा प्रेम शरीर और मन दोनों को सुंदरता प्रदान करता है।

तेज अग्नि परीक्षा

जब अतेज प्रेम की अग्नि परीक्षा होती है तब वह ग़ायब हो जाता है। अतेज प्रेमी कुछ देर पहले अपनी प्रेमिका से कहता है कि 'मुझे तुमसे बहुत प्रेम है।' फिर थोड़ी देर में उसे अपनी प्रेमिका के पुराने प्रेमी का पत्र मिल जाता है। यह देखकर उसे बहुत गुस्सा आता है और वह अपनी प्रेमिका की हत्या कर देता है। अब आप ही सोचें कि पाँच मिनट में उसके प्रेम का क्या हुआ? सामनेवाले ने मन मुताबिक बरताव नहीं किया तो उसका प्रेम ग़ायब हो गया। जो प्रेम अग्नि परीक्षा होते ही ग़ायब हो जाता है, वह अतेज प्रेम होता है। अतेज प्रेम धोखा है, तेजप्रेम सत्य है। दोनों में बहुत बड़ा फ़र्क़ है मगर दिखने में दोनों प्रेम एक जैसे लगते हैं इसलिए तेज अग्नि परीक्षा आवश्यक होती है ताकि दूध का दूध और पानी का पानी हो जाए।

जो परीक्षा (टेस्टिंग) सद्गुरु द्वारा ली जाती है, वह तेज अग्नि परीक्षा होती है। सीता की भी राम द्वारा अग्नि परीक्षा ली गई, उसे आग में बिठाया गया। उस घटना को लोग ग़लत निगाह से देखते हैं क्योंकि उन्होंने असली बात समझी ही नहीं। सही तरीक़े से और समझ के साथ देखेंगे तो वह घटना आपको सही दिखेगी। उस वक़्त यदि लोगों ने सीता से पूछा होता तो वह उन्हें बतातीं, 'अग्नि परीक्षा में बहुत आनंद आया। आग में बैठकर भी मेरी उपासना चल रही थी।' वे उस आग से बचकर आ गईं क्योंकि

वहाँ पर भी उनकी उपासना जारी थी। उनके विचार अग्नि की तरफ न जाकर राम (स्वअनुभव) की तरफ ही चल रहे थे। उनके विचार जलन की वेदना पर नहीं गए। वरना कुछ लोग हमेशा जलते रहते हैं कि फ़लाँ ने मुझे ऐसा कहा... फ़लाँ ने मुझे वैसा कहा... फ़लाँ को ऐसा नहीं कहना चाहिए था... आदि। यह सोच-सोचकर ही वे अंदर ही अंदर जलते रहते हैं। उनका पूरा ध्यान जलन, द्वेष, नफ़रत और बदले की भावना पर ही होता है। वे अपनी उपासना पर ध्यान नहीं देते हैं। जब आप जीवन की कठिन से कठिन परिस्थितियों का डटकर मुकाबला करते हैं और उससे सफलतापूर्वक बाहर आ जाते हैं तो समझिए आप भी सीता की तरह ही अग्नि परीक्षा दे रहे थे जिसमें आप सफल हुए।

अग्नि परीक्षा इसलिए होती है ताकि आपको पता चले कि आपका ध्यान कहाँ-कहाँ जाता है? तेज अग्नि परीक्षा तो शुद्ध प्रेम को बचाती है और जो निरर्थक और व्यर्थ की चीज़ें हैं उन्हें जला देती है। अगर आप सोने को अग्नि में तपाएँगे तो क्या उसमें से सोना ग़ायब हो जाएगा? नहीं, तपन अशुद्धि को हटाती है और सिर्फ शुद्ध सोना ही बचता है।

अग्नि परीक्षा के बाद आपको फ़र्क़ समझ में आएगा कि अतेज प्रेम ग़ायब हो जाता है मगर तेजप्रेम में और निखार आ जाता है। अतेज प्रेमी कहता है, 'अरे! मेरी अग्नि परीक्षा क्यों ली जा रही है? यह टेस्टिंग बंद क्यों नहीं होती? टेस्टिंग, टीचिंग, ट्रेनिंग क्यों है? ये सब नहीं होते तो कितना अच्छा होता।' जबकि तेजप्रेमी कहेगा, 'टेस्टिंग होने दो, इसी से हमें अपने ही मन के खेल पता चलेंगे।'

जब घटनाओं में आपकी टेस्टिंग होती है तो आपके मन में कौन से विचार आते हैं? क्या आपका प्रेम कम हो जाता है? यदि प्रेम कम होता है तो वह प्रेम था ही नहीं। अत: प्रेम के प्रति किसी भी ग़लत धारणा में न अटकते हुए ईश्वरीय प्रेम को समझें।

इतिहास में ईश्वरीय प्रेम के कई सारे उदाहरण हैं। श्रीकृष्ण के समय से आप तेजप्रेम के अलग-अलग उदाहरण सुनते ही आए हैं जैसे – सुदामा, गोप-गोपियाँ, राधा, मीरा, राबिया, दयाबाई, सहजोबाई। ऐसे भी अनेक प्रेम के उदाहरण हैं, जहाँ गुरु-शिष्य के बीच में प्रेम है जैसे विवेकानंद और रामकृष्ण परमहंस। इन सभी उदाहरणों से आपको तेजप्रेम का भाव समझ में आएगा।

अध्याय 26

भक्तिमय प्रेम

ईश्वर के साथ रिश्ता बनाएँ

भक्त की भक्ति उसकी ताक़त है, उसका साहस उसकी हिमाक़त है
और उसका प्रेम उसकी संतुष्टि है।

हर इंसान को अपने जीवन में कुछ बातों पर दृढ़ता होनी ज़रूरी है। भक्ति के दो सूत्रों पर यदि आप दृढ़ता रखेंगे तो आपका जीवन ईश्वरीय प्रेम से भर जाएगा। आप प्रेम नियम के पार जा पाएँगे। हो सकता है आपने इन सूत्रों के बारे में पहले भी पढ़ा हो। परंतु आपने इनके बारे में इस तरीक़े से न कभी पढ़ा होगा और न ही कभी इस तरीक़े से सोचा होगा। हो सकता है आप इन दो सूत्रों पर यकीन भी करते हों लेकिन आपने कभी इन पर चलने की नहीं ठानी होगी। इसलिए पढ़ लें, समझ लें और ठान लें।

भक्ति का पहला सूत्र है, 'सब कुछ ईश्वर के हाथ में है।'

स्वयं से पूछें 'क्या आप इस पंक्ति पर विश्वास करते हैं?' ईमानदारी से जवाब दें। कहीं आप इसलिए तो हाँ नहीं कहते क्योंकि आप अपने बुजुर्गों से यह सुनते आए हैं। मनन करें कि क्या यह पंक्ति आपका विश्वास बनी है? क्योंकि कई बार लोग सिर्फ कहने के लिए कह देते हैं कि 'हाँ मुझे फ़लाँ बात पर पूरा विश्वास है।' लेकिन वास्तव में उन्हें उस बात पर विश्वास

नहीं होता। यदि वाकई आपका जवाब हाँ में है तो अगले सिर्फ एक और सूत्र पर समझ के साथ विश्वास कर सके तो फिर आपके जीवन में कोई और समस्या नहीं बचेगी।

भक्ति का दूसरा सूत्र है, 'ईश्वर कभी ग़लती नहीं करता।'

अगर आप इस पंक्ति पर भी विश्वास करते हैं तो इसके बाद आपके जीवन में कोई डर, शंका या समस्या नहीं बचेगी। चूँकि ईश्वर कभी ग़लती नहीं करता इसलिए अगर आपने इस पंक्ति पर विश्वास किया तो यह आपकी ग़लती नहीं है और यदि आपने इस पर विश्वास नहीं किया तो भी यह आपकी ग़लती नहीं है। क्योंकि ईश्वर ग़लती नहीं करता।

आपकी शिकायत, ईश्वर की ही चाहत

अब से आपके जीवन में जो भी घटे, उसके बारे में ख़ुद को बताएँ– 'यह ईश्वर ने किया है और ईश्वर कभी ग़लती नहीं करता है।' यदि आपको इन सूत्रों पर यकीन आ जाए तो आपको जीवन में चलनेवाली घटनाओं के प्रति कोई चिंता या डर नहीं रहेगा। अगर यकीन नहीं आया है तो फिर बहुत सारे डर होंगे, चिंताएँ होंगी, सवाल होंगे कि 'यह सब मेरे साथ ही क्यों हुआ? ईश्वर मेरे साथ ऐसा क्यों कर रहा है?' आदि।

आप ईश्वर को जितने चाहे, उतने ताने दे सकते हैं, इसमें कुछ ग़लत नहीं है। क्योंकि सब कुछ ईश्वर ही कर रहा है और ईश्वर से कभी कोई ग़लती नहीं होती। ईश्वर तो ख़ुद चाहता है कि आप उसे ताने दें। अगर वह नहीं चाहता तो ऐसा कभी होता ही नहीं। आपके ताने देने का अर्थ है कि ईश्वर आपको खाली करना चाहता है।

आपने देखा होगा कि जब लोग किसी वजह से भावुक हो जाते हैं तो बहुत बोलते हैं, बड़बड़ करते हैं और बाद में कहते हैं, 'हाँ, अब अच्छा लग रहा है।' इसलिए आपको अपने अंदर यह दृढ़ता रखनी है कि 'जो भी हुआ, वह ईश्वर कर रहा है और ऐसा होना ज़रूरी था इसीलिए ईश्वर ने किया। शायद मुझे अभी इस बात का एहसास न हो लेकिन कुछ महीनों या कुछ सालों बाद या फिर पार्ट टू (सूक्ष्म जगत्, मृत्यु उपरांत जीवन) में मुझे यह एहसास ज़रूर होगा कि जो हुआ, वह ग़लत नहीं हुआ क्योंकि उसका होना ज़रूरी था।'

इसका अर्थ यह नहीं कि आप कभी बड़बड़ नहीं करेंगे, खाली नहीं होंगे। आप खाली होंगे और इस तरह की बड़बड़ भी चलती रहेगी कि 'ऐसा क्यों हुआ? ईश्वर ने मेरे साथ ऐसा क्यों किया?' लेकिन तब आपको ख़ुद से यह पूछना होगा कि 'क्या तुम्हें भक्ति सूत्र याद हैं? क्या तुम्हें सच्चाई मालूम है?' दरअसल लोग बड़बड़ करके सच्चाई भूल जाते हैं। वे अपने मुँह से शब्दों का जो जाल उगलते हैं, उसी में फँस जाते हैं।

भक्ति हृदय के ज़्यादा नज़दीक है

भक्ति के ये दो सूत्र, ईश्वर से प्रेम करनेवाले के लिए किसी रामबाण से कम नहीं हैं। आपके जीवन में जो भी हो रहा है, चाहे वह नौकरी को लेकर हो, शादी, बच्चे या स्वास्थ्य को लेकर हो या परिस्थितियों को देखकर हो, उसमें आप यही कह पाएँगे कि 'मुझे इस बात पर पूरा विश्वास है कि सब कुछ ईश्वर के हाथ में है और ईश्वर कभी ग़लती नहीं करता।' क्योंकि इसके बाद भक्त हमेशा भक्ति में रहता है। भक्ति की वजह से ही वह माया के भवसागर को हँसते-हँसते पार कर लेता है। हालाँकि ज्ञानी भी माया के भवसागर को हँसते-हँसते पार करता है। लेकिन भक्त जिस मस्ती के साथ भवसागर पार करता है, उसी मस्ती के साथ ज्ञानी उसे पार नहीं कर पाता। यह भक्ति की ख़ूबसूरती है क्योंकि भक्ति हमारे सांसारिक प्रेम के नज़दीक है।

हर इंसान जीवन में प्रेम चाहता है, भक्ति में उसी प्रेम की झलक मिलती है। इसी लिए भक्ति हृदय के ज़्यादा करीब होती है। जिस संसार में इंसान प्रेम को मोह बनाकर जीता है, उसमें भक्ति उसे निरपेक्ष प्रेम का ऐसा स्वाद देती है, जिससे वह इस संसार के सुख-दुःख को हँसते-हँसते पार कर जाता है। बस खतरा यह है कि कहीं वह नकली प्रेम को असली न समझ बैठे। इसीलिए ज्ञान की झलक मिलना ज़रूरी है।

भक्ति सूत्र कहता है कि **'भक्ति, भक्ति की बातें बताकर बहाई जा सकती है'** यानी भक्ति की बातें बताकर, सुनाकर या पढ़वाकर 'भक्ति' बहाई जा सकती है। इसलिए स्वयं से यह सवाल पूछें-'क्या मेरे जीवन में भक्ति बह रही है? और क्या वह भक्ति प्रज्ञा या समझ से निकली है?'

''सब ईश्वर के हाथ में है और ईश्वर कभी ग़लती नहीं करता।' क्या

यह भक्ति सूत्र मैं वाकई जानता हूँ या मैंने सिर्फ इसे मान रखा है? क्योंकि जब कोई अनचाही घटना घटती है तब तो मुझे याद भी नहीं आता कि यह ग़लत नहीं हो सकती क्योंकि यह ईश्वर की चाहत है।'' इस तरह की दृढ़ता लाने के लिए जब आप भक्ति की बातें करेंगे तो आपके अंदर इच्छा जागेगी कि 'ऐसी भक्ति मेरे अंदर भी जगे, मैं भी इस प्रेम को महसूस करूँ, मैं भी गीत गाऊँ और गुनगुनाऊँ'।

मासूम भक्ति

एक पिता ने अपने बेटे से कहा, 'बेटा इस बार हम लोग दीवाली का त्योहार नहीं मनाएँगे क्योंकि आपके दादाजी यानी मेरे पिता हाल ही में गुज़रे हैं।'

इस पर बेटे ने मासूमियत से कहा, 'मैं दीवाली क्यों न मनाऊँ, मेरे पिता तो ज़िंदा हैं? आपके पिता गुज़रे हैं इसलिए आप मत मनाइए लेकिन मैं तो मनाऊँगा। हाँ, मगर जब आप गुज़र जाएँगे तो मैं दीवाली नहीं मनाऊँगा लेकिन मेरे बच्चे मनाएँगे। क्योंकि उनका पिताजी ज़िंदा है।'

उस बेटे की तरह भक्त भी हमेशा दीवाली मनाता है। भक्त यह कहता है कि 'न सिर्फ मेरे पिता (ईश्वर) ज़िंदा हैं, वे सबसे बड़े भी हैं।'

इंसान हमेशा ईश्वर से यही कहता है कि 'मेरी मुश्किलें बहुत बड़ी हैं।' भक्ति-प्रेम सूत्र से उसे ज्ञान मिलता है कि 'तुम ईश्वर से यह मत कहो कि तुम्हारी मुश्किलें बड़ी हैं बल्कि मुश्किलों से कहो कि मेरा ईश्वर बड़ी से बड़ी मुश्किल से भी बड़ा है।' ऐसा कहने से आपको ताक़त महसूस होगी। लेकिन इसके बजाय लोग अपनी गलतियों को ख़ुदा से बड़ा बताने में उलझ जाते हैं और यह नहीं समझ पाते कि ऐसा करके वे समस्या को ताक़त देते हैं।

एक बार एक इंसान का बहुत करीबी रिश्तेदार गुज़र गया। इस वजह से वह इंसान बहुत दुःखी हुआ। रो-रोकर वह बार-बार ईश्वर को पुकारने लगा। उसकी करुण पुकार सुनकर आख़िर ईश्वर उसके पास आए और उन्होंने पूछा कि 'क्या हुआ, तुम रो क्यों रहो हो?' उस इंसान ने जवाब दिया कि 'मेरा रिश्तेदार गुज़र गया... वह मेरे बहुत करीब था लेकिन अब वह नहीं रहा... मुझे छोड़कर बहुत दूर चला गया है...।' इस पर ईश्वर ने

कहा कि 'जो चला गया है, उसके बारे में तुम कितना कुछ कह रहे हो लेकिन जो तुम्हारे पुकारने पर तुम्हारे पास आया है, उसके बारे में तो तुम कुछ नहीं कह रहे हो?'

जब यही घटना एक सच्चे भक्त के साथ होती है और ईश्वर उसके पास जाकर पूछते हैं कि 'तुम रो क्यों रहे हो, क्या कष्ट है?' तो भक्त जवाब देता है, 'हे प्रभु, अब मुझे कोई कष्ट नहीं है क्योंकि आप जो आ गए हैं। आपके आने से मेरा सारा दुःख समाप्त हो गया।' ऐसा होता है ईश्वरीय प्रेम, जहाँ ईश्वर के अलावा कुछ नहीं भाता।

अब ज़रा सोचें कि भक्त और आम इंसान के साथ एक ही तरह की घटना हुई मगर फिर भी दोनों के बीच कितना बड़ा फ़र्क़ है। भक्त ऐसा क्या देख रहा होता है, जो उसे दूसरों से अलग बना देता है? दरअसल आम लोगों के जीवन में बहुत कुछ अच्छा हो रहा होता है लेकिन वे उसे नज़रअंदाज़ करते रहते हैं। उनके जीवन में जो भी आ रहा होता है, वह उन्हें कभी दिखाई नहीं देता। वे तो बस उसका दुःख लेकर बैठे रहते हैं, जो जीवन से चला गया है। इसके विपरीत भक्त, जो जीवन में आया है, उसकी ख़ुशी मनाता है।

मासूम भक्ति में बिना पूर्वाग्रह के ईश्वर का दर्शन हो पाता है। भक्त की भक्ति उसकी ताक़त है, उसका साहस उसकी हिमाक़त है और उसका प्रेम उसकी संतुष्टि है। इस संतुष्टि के लिए लोग न जाने क्या-क्या करते हैं लेकिन फिर भी उन्हें वह संतुष्टि नसीब नहीं होती। इंसान पद, प्रतिष्ठा और कुर्सी पाने के लिए जीवनभर भागदौड़ करता है और आख़िरकार सब हासिल भी कर लेता है। अगर वह ईमानदार होगा तो सब हासिल करने के बाद यह सच ज़रूर बताएगा कि 'जीवन में सब मिला लेकिन संतुष्टि नहीं मिली।'

जिन लोगों के जीवन का उद्‌देश्य सिर्फ भरपूर दौलत कमाना था, उनसे पूछें कि 'क्या पैसा कमाने के बाद, गाड़ी-बंगला खरीदने के बाद आपके साथ कोई ख़ास बात हुई?' वे यही कहेंगे कि 'नहीं, कोई ख़ास बात तो नहीं है।' ऐसे लोग आपको बताएँगे कि 'जब तक यह सब हासिल नहीं किया था, तब तक सिर्फ ये ही चीज़ें ख़ास लगती थीं लेकिन हासिल करने के बाद समझ में आया कि इसमें कुछ भी ख़ास नहीं है।'

इसी तरह कुछ लोगों को बेटे की बड़ी चाहत होती है। ऐसे लोगों से पूछिए कि 'बेटा पैदा होने के बाद क्या ख़ास बात हुई?' वे बताएँगे कि 'कुछ ख़ास नहीं हुआ, बेटा मिलने के थोड़े ही समय बाद वह ख़ुशी समाप्त हो गई और संतुष्टि भी नहीं मिली।' यह संतुष्टि कैसे मिलती है? आपको इसी की खोज करनी है। इंसान को यह भ्रम होता है कि शायद फ़लाँ-फ़लाँ चीज़ें प्राप्त होने से संतुष्टि मिलेगी लेकिन उसे उन चीज़ों से भी संतुष्टि नहीं मिलती। इसके बाद उसे भक्ति सूत्र की ज़रूरत होती है।

भक्ति सूत्र कहता है, 'हमारे अंदर ऐसा कुछ है, जिसने आज तक 'सफ़र' नहीं किया।' यहाँ सफ़र का अर्थ यात्रा करना भी है और दुःख भोगना (suffer) भी। दरअसल हमारे अंदर कुछ ऐसा है, जिसने कभी कोई दुःख नहीं भोगा। वह बेशर्त प्रेम और बिना कारणवाले आनंद में है। उसके आनंद के पीछे पद, प्रतिष्ठा, पैसा, शादी, बच्चे जैसा कोई कारण नहीं है। हमारे अंदर ऐसा कुछ है, जो बिना कारण आनंद में है और बिना शर्त प्रेम देता है, कहीं बहुत गहराई में हम स्वयं वही है। उसके साथ अपना रिश्ता पहचानना ही भक्ति है। उसे सेल्फ़, ईश्वर, साक्षी भी कहा जा सकता है, उसके साथ रिश्ता बनाने के लिए भक्ति की ज़रूरत होती है और भक्ति बढ़ाने के लिए उससे रिश्ता बनाने की। इंसान के जीवन में रिश्ते तभी बनते हैं, जब वह सभी से मिलता-जुलता है। इसके अनुसार ईश्वर के साथ तेज रिश्ता बनाने के लिए इंसान को हर दिन उससे मिलना होगा, जो निरंतर ध्यान में बैठने से संभव होगा।

निरंतर ध्यान और भक्ति साधना करें ताकि ईश्वर के साथ प्रेम का रिश्ता बना रहे।

अध्याय 27

रिश्तों में प्रेम भरने के लिए 'सुनहरा नियम'

स्वयं से शुरुआत करें

सुनहरा नियम प्रेम का स्वास्थ्य है। सारे धर्मों के महापुरुषों ने इस नियम के बारे में बताया है लेकिन उसका असली अर्थ हम तक पहुँचते-पहुँचते खो गया है। उनमें से कुछ शब्द लुप्त हो गए हैं। जो शब्द लुप्त हुए, वही असली ज्ञान था, शुद्ध था। वह लुप्त ज्ञान आज प्रेम नियम के प्रकाश में फिर से प्रकट हो, यह आवश्यक है। अगर वह लुप्त ज्ञान हमें वापस मिल जाए तो हर नियम सही तरीक़े से काम करेगा। इस नियम में इतनी ताक़त है कि यह रिश्तों के प्रति आपके दृष्टिकोण को पूरी तरह बदलकर रख देगा।

नियम

'लोगों के साथ ऐसा व्यवहार करें,
जैसा आप चाहते हैं कि लोग आपसे
जो आप हैं, वह जानकर व्यवहार करें'

नियम का ऊपरी अर्थ - 'लोगों के साथ ऐसा व्यवहार करें, जैसा आप चाहते हैं, लोग आपसे करें।' इस महावाक्य का अर्थ तो सभी लोग समझ पाए हैं कि यदि आप चाहते हैं कि लोग आपके साथ आदर से बात

करें तो आप लोगों को आदर दें। यदि आप चाहते हैं कि लोग आपकी बातें सुनें तो आप भी लोगों की बातें सुनें। यदि आप चाहते हैं कि लोग आपकी मदद करें तो आप भी लोगों की मदद करना शुरू कर दें। यह बहुत आसान और तर्कयुक्त अर्थ है। लेकिन इसमें छूटी हुई कड़ी है, जिसकी वजह से लोगों को सही परिणाम नहीं मिल रहे हैं। वास्तविक सुनहरा नियम, गोल्डन रूल यह था, और है ...

'लोगों के साथ ऐसा व्यवहार करें,
जैसा आप चाहते हैं कि लोग आपसे
जो आप हैं, वह जानकर व्यवहार करें'

लेकिन आप लोगों के साथ वैसे ही व्यवहार कर रहे हैं, जैसे कि वे केवल शरीर ही हैं, जो ग़लत है। यह नया अर्थ पढ़कर एक पल आपको लगेगा कि यह बहुत कठिन है, यह शायद हमसे नहीं होगा लेकिन जब आप इसे समझकर उपयोग करेंगे तब आपको यह सहज लगने लगेगा क्योंकि यह आपका स्वभाव है। अपने ही स्वभाव अनुसार जीने के लिए किसी को कोई कष्ट नहीं करना पड़ता। जब हम अपने स्वभाव (प्रेम) के विपरीत काम करते हैं तब हमें बार-बार सुनहरा नियम याद करना पड़ता है।

'लोगों के साथ ऐसा व्यवहार करें, जैसा आप चाहते हैं कि लोग आपसे जो आप हैं, वह जानकर व्यवहार करें' और इस नियम में यही वे महत्त्वपूर्ण शब्द (जो आप हैं) थे, जिनके लुप्त होने की वजह से लोगों को उसके परिणाम नहीं मिल रहे हैं। इन शब्दों को अपने परिवार के बीच वापस लाने के लिए स्वयं से शुरुआत करें।

'जो आप हैं' इन शब्दों को परिवार में प्रेम बढ़ाने के लिए पहले यह समझना होगा कि आप वास्तव में कौन हैं? स्वयं से जब आप पूछेंगे कि 'मैं कौन हूँ?' तो जवाब आएगा...

एक 'मैं' वह हूँ, जो लोग मुझे समझते हैं। एक 'मैं' वह हूँ, जो मैं स्वयं अपने आपको समझता हूँ। एक 'मैं' वह हूँ, जो मैं भविष्य में बनना चाहता हूँ। एक 'मैं' वह हूँ, जो माना गया था... ये सारी धारणाएँ झूठी हैं। आप वह नहीं हैं, जो अपने आपको समझते हो। वास्तव में आपके अंदर जो समझता (जाननेवाला) है, वही आप हो।

जब इंसान कहता है, 'मैं बाज़ार गया...', 'मैं बैठा...', 'मैं ऑफ़िस जाऊँगा...', तो ये सारे वाक्य शरीर को ध्यान में रखकर कहे जाते हैं। उस वक़्त वह अपने आपको शरीर मानकर ऐसा कहता है। जब कोई कहता है, 'मुझे दुःख हुआ... ख़ुशी हुई... मैं बोर हो रहा हूँ...' तब वह अपने आपको मन मानकर ऐसा कह रहा है। क्योंकि शरीर तो कभी बोर नहीं होता। जब कोई कहता है, 'मैंने सोचा... मैंने समझा...' तब वह अपने आपको बुद्धि मानकर ऐसा कह रहा है। लेकिन अंत में जब कोई पूछता है, 'मैं कौन हूँ...? मेरे होने का लक्ष्य क्या है...?' तो इसका अर्थ है कि ये वाक्य असली 'मैं' से निकले हैं, इसी असली मैं को जानना है, 'जो आप हैं'।

अब सवाल उठता है कि अगर मैं शरीर नहीं... मन नहीं... बुद्धि नहीं तो मैं कौन हूँ? इसी सवाल के जवाब का ताल्लुक है सुनहरा नियम 'जो आप हैं' से। आप हैं सेल्फ़, चेतना जो स्वयं को शरीर मानकर उलझ गया है। जब आप इस रहस्य को समझेंगे तभी आप सुनहरा नियम समझ पाएँगे। जिसे जानने के बाद आपका व्यवहार सभी के साथ प्रेममय होगा क्योंकि आप जब ख़ुद को जान गए तो सबको जान गए।

जब आप शिकायत करते हैं कि 'सामनेवाला ग़लत है' तब आप सामनेवाले को भी शरीर मान रहे हैं। इस पर स्वयं से पूछताछ करें कि 'सामनेवाला कौन है?' जवाब आएगा कि उसमें भी वही सेल्फ़, चेतना है जो मेरे अंदर है, जो मैं हूँ। अब आप सामनेवाले को और स्वयं को अलग नहीं जानेंगे। ऐसे में आपसे वही प्रतिसाद निकलेगा जो उच्चतम होगा। और उच्चतम व्यवहार से ही रिश्तों में मिठास आती है। यही रहस्य आपको जल्द से जल्द सीखना है।

जब आप अपनी पूछताछ ईमानदारी के साथ करेंगे और आप जो हैं, उसे जानते हुए हर एक के साथ व्यवहार करेंगे तब सुनहरा नियम और प्रेम नियम दो नहीं रहेंगे – एक हो जाएँगे।

अध्याय 28

प्रेम नियम सार

तेजप्रेम का भेद

हे हृदयवासियो! अपने हृदय के प्याले को प्रेम रूपी अमृत रस से छलकाइए। इस जहाँ को प्रेम के सागर में सराबोर कर दीजिए। इस बात का पूरा ध्यान रहे कि इस धरा पर नफ़रत का एक अंश भी शेष न रहने पाए।

यह संसार कृष्ण-सुदामा, राधा-कृष्ण, कृष्ण-मीरा, गोप-गोपियाँ, राम-सीता, रामकृष्ण परमहंस, स्वामी विवेकानंद इत्यादि तेजप्रेम के अनेक उदाहरणों से भरा पड़ा है। इनके प्रेम में किसी भी प्रकार की इच्छा, चाह या माँग नहीं थी। इसके विपरीत आधुनिक युग में प्रेमी-प्रेमिका, माता-पिता, दोस्त-मित्र, पति-पत्नी का अतेज प्रेम सेमल के फूल की तरह है, जो कुछ ही क्षणों में झड़ जाता है। वजह यह है कि अज्ञान और मान्यताओं के कारण हम ईश्वरीय प्रेम की शक्ति को पहचानने से वंचित रह जाते हैं।

ईश्वरीय प्रेम, जिसे तेजप्रेम भी कहा जा सकता है, एक ऐसा प्रेम है, जो किसी मोह या लालच में आकर नहीं किया जाता। यह ऐसा प्रेम है जो अपने और पराए का भेद नहीं करता। इसे दिखाने की आवश्यकता ही नहीं होती। वह तो अपने व्यक्तित्व के कण-कण में ऐसे समाया होता है कि अपने व्यवहार से स्वतः ही व्यक्त होता रहता है।

अतेज प्रेम और तेजप्रेम में फ़र्क़

स्वयं अनुभव के बाद ही तेजप्रेम की महिमा समझी जा सकती है। साधारण प्रेम किसी एक इंसान के प्रति होता है, तेजप्रेम सिर्फ एक इंसान के लिए नहीं बल्कि सभी के लिए होता है। साधारण प्रेमी बहुत थोड़े में ख़ुश हो जाता है। जबकि तेजप्रेमी ख़ुशी ही बन जाता है, प्रेम ही बन जाता है। साधारण प्रेम धोखा मिलने पर तड़प उठता है, बागी बन जाता है। तेजप्रेम धोखा मिलने पर और भी निखर जाता है।

साधारण प्रेम में मुझे क्या मिल रहा है या क्या मिलना चाहिए, यही सोच रहती है। तेजप्रेम में सामनेवाले को मैं क्या दे रहा हूँ, मुझे क्या देना चाहिए, यह सोच रहती है। साधारण प्रेम शरीर और मन के बीच होता है। तेजप्रेम ईश्वर (सेल्फ़) से होता है। साधारण प्रेम में कुछ पाने की लालसा बनी रहती है। तेजप्रेम में प्रेम ही अपने आपमें फल है, महाआनंद है, जीवन का उद्‌देश्य है। साधारण प्रेम सामनेवाले इंसान की क्रियाएँ देखकर कम, ज़्यादा होता है। तेजप्रेम कभी घटता नहीं, हमेशा अपनी चरम सीमा पर होता है।

तेजप्रेम, तेजज्ञान प्राप्त होते ही ऐक्य (वननेस) का अनुभव सभी प्राणियों के लिए होता है। यही प्रेम स्वयं का व सभी का ज्ञान कराता है। यह प्रकट होते ही गीत बनते हैं, कविताएँ बनती हैं, नृत्य प्रकट होता है, आँसू बहते हैं, ध्यान फलित होता है, मौन उतरता है या सभी अभिव्यक्तियाँ एक साथ होती हैं।

भक्ति में डूबे हुए कई संतों के बारे में आपने पढ़ा होगा। संत कबीर, गुरु नानकजी, संत तुकाराम, संत ज्ञानेश्वर, संत एकनाथ, चैतन्य महाप्रभु, मीराबाई, दयाबाई, सहजोबाई इत्यादि। संत तेजप्रेम और तेजभक्ति के ज्वलंत उदाहरण हैं। उन्होंने ऐसा क्या जाना जिसकी वजह से वे नृत्य कर पाए, भजन गा पाए और सेवा में सारी ज़िंदगी दे पाए? वह जानना ही हमारा लक्ष्य होना चाहिए, न कि सिर्फ उनकी बाहर की नकल करना।

बुद्ध को ध्यान में बैठे देख शिष्य यह सोच लेते हैं कि हम भी ध्यान में बैठेंगे तो हमें भी सत्य मिलेगा लेकिन वे यह नहीं जानते कि सत्य मिलने के बाद ध्यान फलित हुआ है। अंतिम ज्ञान प्राप्ति के बाद कोई मौन में

चला गया तो किसी के आँसू निकले। इसी तरह हम भी तेजसत्य जान पाएँ और तेजप्रेम प्राप्त करके उसे अपने जीवन में अभिव्यक्त कर पाएँ तो हमारा जीवन सफल होगा।

यह प्रेम होते ही मन, जो अलग-अलग विषयों में भटक रहा था, वह रुक जाएगा और एक ही विषय पर सोचने लगेगा। इस तेजप्रेम में इंसान को जो महाआनंद मिलेगा, वह उसे खोना नहीं चाहेगा। इसी तेजप्रेम में तोलू मन की मौत होगी और प्रकट होगा वह अप्रकट, अव्यक्त जिसके प्रकाशित होते ही होता है- आत्मसाक्षात्कार।

तेजप्रेम में एकता का अनुभव होता है। अपने आपको जानने के बाद ही पता चलता है कि कैसे सभी एक ही हैं, एकनाथ ही हैं, एकलव्य ही हैं। ये बातें इंसान स्वयं अनुभव से ही जान पाता है। एक ही अनुभव हर शरीर के अंदर है। ऐसा प्रेम जो प्रेम और नफ़रत से परे है, जो बेशर्त है। शर्त के साथ सच्चे प्रेम का दर्शन, प्रेम का निर्माण नहीं होता।

प्रेम जब बेशर्त होता है तब वह तेजप्रेम बनता है और जब इस प्रेम की स्थापना होती है तब 'परमात्मा' से मिलन होता है।

यह पुस्तक पढ़ने के बाद अपना अभिप्राय (विचार सेवा) इस पते पर भेज सकते हैं : Tej Gyan Foundation, Pimpri Colony Post office, P.O. Box 25, Pune - 411 017. Maharashtra (India).

परिशिष्ट

(प्रेम दर्शन ध्यान पृष्ठ क्रं. 125 से आगे)

(प्रेम दर्शन ध्यान पृष्ठ क्रं. 125 से आगे)

1. 'ई' पर अर्थ है। अर्थ यानी भूमि। भूमि से ही धातु निकलती हैं, सब्ज़ियाँ उगती हैं, फूल-पौधे खिलते हैं। इन्हीं धातुओं से वस्तुएँ बनती हैं। इसी मिट्‌टी से अनेक चीज़ें निर्माण होती हैं जैसे घर, इमारतें। इन वस्तुओं के साथ आपका प्रेम कैसा होता है? कौन सी सब्ज़ी पसंद नहीं है, कौन सी सब्ज़ी पसंद है? किन सब्ज़ियों को देखकर नापसंती दर्शाई? तो उनसे भी क्षमा माँग लें। कुछ वस्तुओं पर तो आप जान छिड़कते हैं। आप चाहते हैं कि उन चीज़ों पर हलकी सी खरोंच भी न आए। तो ऐसा क्यों होता है? क्या वह शुद्ध प्रेम है या वे चीज़ें आपकी गुलाम हैं इसलिए प्रेम है? यदि वे चीज़ें आपके मन मुताबिक काम न करें तो भी क्या उनके प्रति आपका प्रेम बरकरार रहेगा? स्वयं से ही सवाल पूछकर प्रेम का दर्शन करें।
2. 'एफ' पर फ्रेंड्स यानी दोस्तों को लें। जिन दोस्तों के सामने जाकर आपको प्रेम का दर्शन, प्लास्टिक प्रेम का दर्शन होता है, उन्हें सामने लाकर स्वयं के प्रेम को समझें। पहले हमारा प्रेम कैसा था? आज कैसा है? दर्शन करके हमेशा के लिए मुक्त होना है। झूठे प्रेम को पालकर हम अपना पृथ्वी जीवन दाँव पर लगा रहे हैं। देखें कि जो दोस्त आपको ज़्यादा पसंद नहीं हैं, वे क्या दर्शन करवा रहे हैं?
3. 'जी' पर ग्रॅन्ड पैरेंट्स, गुरु, ईश्वर और स्वयं का दर्शन करें। ख़ुद से ईमानदारी से पूछें, 'क्या इनके प्रति मेरा प्रेम सच्चा है या सिर्फ बिज़नेस भक्ति चलती है?' ईश्वर के प्रति भी डर की वजह से प्रेम है या सच्चा प्रेम है? पूरे भाव के साथ जो भी सच्चाई सामने आए उसका दर्शन करें। स्वयं को माफ करें, ईश्वर से माफ़ी माँगें। अपने अंदर वह भाव लाने के लिए चाहे तो आप अपने दोनों हाथ जोड़कर या ऊपर उठाकर

क्षमा माँगें। वह भाव लाने के लिए जो भी आसन आपको मदद करे, बिना हिचकिचाहट अपने लिए करें। अपने प्रेम को उजागर करने के लिए क्षमा और प्रेम के सिक्के को टॉस करें। क्षमा से ही प्रेम का उदय होगा। दिल से क्षमा माँगकर अपने प्रेम को देखें।

4. 'एच' पर हज़बेन्ड। पति हो या पत्नी, दोनों ही देखें कि इस प्रेम में कितनी सच्चाई है? क्या केवल सुरक्षा हेतु प्रेम है या दिल से प्रेम है? जान लें कि जब झगड़े होते हैं तो क्यों होते हैं? विवाद के क्या कारण हैं? किसी ने जन्मदिन याद नहीं रखा, कोई अच्छी गिफ्ट नहीं लाया, हम जो चाहते थे, वह नहीं पाया। किसी ने हमें इच्छित सम्मान नहीं दिया या किसी को हमसे अधिक सम्मान दिया, हम जो व्यवहार चाहते थे, वह नहीं हुआ। इन सभी कारणों में कहीं अहंकार, कहीं ईर्ष्या तो कहीं लोभ है। तोलू मन सदा सभी चीज़ों को तोलता रहता है। धीरे-धीरे ये सारी चीज़ें इतनी बढ़ जाती हैं कि प्रेम के लिए मन में कोई जगह ही नहीं रहती। रहता है तो केवल व्यवहार और उपचार। ऐसे में जिसे हम प्रेम समझते हैं, वह प्लास्टिक की तरह मन की सतह पर तैरता रहता है। ऊपर से दिखता तो है चकाचक लेकिन न डूबता है, न पिघलता और न ही जलता है बल्कि अपना एक अलग अस्तित्त्व बनाकर रखता है। हमें इस प्लास्टिक प्रेम से मुक्त होना है। असली, प्राकृतिक प्रेम को पाना है। इसलिए अपने प्रेम को सभी अपेक्षाओं के गुब्बारों से मुक्त रखें, जो हमें डूबने नहीं देते, सतह पर ही रखते हैं। कहीं अपनी गलतियाँ दिखाई दें तो क्षमा माँग लें। स्वयं को भी क्षमा कर लें। गुरु को साक्षी रखकर हृदय से ईश्वर से क्षमा माँगें, 'आज तक प्रेम को समझा नहीं था इसलिए कुछ गलतियाँ हुईं, हे ईश्वर हम दोनों को क्षमा करना।' यदि यह रिश्ता आपके जीवन में अभी नहीं है तो आप अगले अल्फ़ाबेट पर या पिछले अल्फ़ाबेट पर काम करते रहेंगे।

5. 'आय' पर इंटेन्स यानी गहरे रिश्ते या आप ख़ुद। अपने साथ प्रेम का दर्शन करें, 'क्या मैं स्वयं से प्रेम करता/करती हूँ? व्यसन करके, ज़्यादा खाना खाकर, व्यायाम न करकर क्या मेरा प्रेम प्रदर्शित होता है? यदि स्वयं से सच्चा प्रेम करता/करती तो मैं क्या कर रहा होता/

होती?' स्वयं से दिल से क्षमा माँगें। अपना दायाँ हाथ बाएँ कंधे पर और बायाँ हाथ दाएँ कंधे पर रखकर स्वयं को गले लगाएँ, स्वयं को माफ करें और कहें, 'मैं तुम्हें प्रेम करता हूँ। मैं तुम्हें सच्चा प्रेम करना चाहता/चाहती हूँ। मैं आगे से पूरा ध्यान रखूँगा/रखूँगी। पूरी सजगता लाने के लिए प्रयास करूँगा/करूँगी। कोई तुम्हें प्रेम करे, न करे, मैं तुम्हें हमेशा प्रेम करूँगा/करूँगी और आगे भी करते रहूँगा/रहूँगी।' पूरे भाव से धीरे-धीरे स्पर्श को महसूस करें। प्रेम का दर्शन आवश्यक है।

6. 'जे' पर जीजाजी। अगर यह रिश्ता आपके जीवन में है तो देखें कि इनके प्रति आपका प्रेम कैसा है? वरना आगे के अल्फ़ाबेट पर या पिछले अल्फ़ाबेट पर कुछ समय कार्य करें।

7. 'के' पर कलीग या कर्मचारी। चाहे आप सरकारी कर्मचारी हो, कंपनी में, बैंक में, पोस्ट ऑफ़िस में हो, आप जहाँ पर भी कार्य करते हों, वहाँ आपकी उपस्थिति कैसी होती है? अपने सहकर्मियों को कैसे देखते हैं? उन्हें स्माइल देते हैं तो किस भावना से देते हैं? क्या आप सचमुच उन्हें पसंद करते हैं इसलिए या अपना काम निकलवाने के लिए स्माइल देते हैं? क्या आप सचमुच चाहते हैं कि उनका विकास हो? क्या उनके लिए कभी प्रार्थना करने का विचार आता है? आपसे मिलकर उनका थोड़ा तो विकास हो, थोड़ी तो चेतना बढ़े, क्या ऐसा भाव भी आता है? क्या मन ही मन यह कह पाते हैं कि 'कहीं जाने-अनजाने में भी मैंने अपनी देह बोली (बॉडी लैंग्वेज) से तुम्हें दुःख पहुँचाया हो तो मुझे क्षमा करो। तुम्हारा मंगल हो।' क्षमा से प्रेम बढ़ेगा, प्रेम से होश बढ़ेगा। हर जीव के प्रति होश बढ़ेगा। यदि आपने उन्हें शरीर मानकर ही उनसे व्यवहार किया है तो इसके लिए क्षमा माँगकर अगले अल्फ़ाबेट पर जाएँ।

8. 'एल' पर लीडर है। लीडर चाहे वह घर का हो, मुहल्ले का हो, सोसायटी, समाज या देश का हो। जो भी लीडर आपके सामने आता है, इनके प्रति आपका प्रेम कैसा है? इसी समझ के साथ जैसे पहले कार्य किया, देख लें।

9. 'एम' पर मम्मी हो, मामा-मामी, मामा के बच्चे या फिर मायकेवाले हों। आप ससुराल में है तो 'एम' पर मायकेवालों को ले सकते हैं। सभी के साथ आप कैसे उपस्थित रहते हैं? किन रिश्तों में आप तेज, बेशर्त, बेशक प्रेम महसूस करते हैं? बेशक प्रेम यानी जहाँ कोई शक नहीं है। बेशर्त यानी जिसमें कोई शर्त नहीं है। यदि आप इन लोगों को सच्चा प्रेम नहीं दे पाए हैं तो क्षमा माँग लें। क्योंकि अब तक सिर्फ आप प्रेम माँगते आए लेकिन प्रेम दे नहीं पाए, यह दिखाई नहीं देता। आज मौका है तो अपनी अर्ध बेहोशी, अपने अज्ञान और अहंकार के लिए इन सभी से और ईश्वर से भी क्षमा माँग लें। जिसे भी आप अपना आदर्श मानते हैं, जिसके सामने आप ज़्यादा वचनबद्ध होते हैं, उन्हें साक्षी रखकर इन सभी से क्षमा माँग लें।
10. 'एन' पर नौकर या नौकरानी। जिनसे आप पैसे देकर काम करवाते हैं, वहाँ प्रेम का दर्शन करें। क्या इनके प्रति आपके मन में दया, करुणा एवं प्रेम के भाव होते हैं या उन्हें गुलाम या वस्तु समझकर व्यवहार होता है? उन्हें गुलाम समझकर व्यवहार होता है तो उनसे क्षमा माँगकर अगले अल्फ़ाबेट पर जाएँ।
11. 'ओ' पर अदरसाइड ओल्ड अर्थात प्राचीन (मृत्यु उपरांत जीवन) में गए हुए लोग। आपके जो रिश्तेदार गुज़र चुके हैं, पृथ्वी पर आपको दिखाई नहीं देते, उन रिश्तेदारों के सामने जब आप उपस्थित रहते थे तो उनके प्रति आपका प्रेम कैसा था? सतही था, ऊपरी-ऊपरी, हैलो-हाय तक ही सीमित था, कैसा था? यदि आप उन्हें प्रेम नहीं दे पाए तो क्षमा माँगकर लकीरें मिटा दें ताकि वे भी मुक्त हों और आप भी। ईश्वर से कहें, 'हम सबको माफ करें। मैं दिल से माफ़ी माँगता/माँगती हूँ।' तहेदिल से, पूरे भाव से दर्शन करें, क्षमा माँगें।
12. 'पी' पर पड़ोसी को लें। विशेषतः वह पड़ोसी जो आपको कम पसंद है, वहाँ प्रेम का दर्शन करें। उनके प्रति यदि प्रेम दिखाते हैं तो वह प्रेम कैसा होता है? क्या वहाँ सिर्फ प्रेम का अभिनय होता है? देखें, दर्शन करें। अगर आप फॉरेन गए हैं और वहाँ यही पड़ोसी आपसे मिलता है तो कितनी खुशी देता है। बाजू में ही रहता है तो रोज़ देखते हैं लेकिन क्या कभी प्रेम से देखा है? नहीं देख पाए तो अपराध बोध न

रखें। क्षमा माँगकर लकीरें मिटा दें।

13. 'क्यू' पर कुदरत को सामने लाएँ, मदर नेचर। कुदरत के साथ आपका प्रेम कैसा है? जब निसर्ग के सान्निध्य में जाते हैं तो बहुत अच्छा लगता है, आनंद आता है। मगर पेड़ों के पत्ते तोड़ते समय, पानी का ग़लत उपयोग करते समय, जीवहत्या करते समय, नदियों में कचरा डालते समय या घर, गली, मुहल्ले में कचरा फैलाते समय क्या यह होश रहता है कि ऐसा करके मैं प्रदूषण फैला रहा/रही हूँ? कुदरत से कहें, 'मुझे क्षमा कर दो। आगे से मैं और सजग रहने का प्रयास करूँगा/करूँगी।'

14. 'आर' पर रियल रिश्तेदार, जो आपके लिए सत्य की राह पर चलने में सीधे-सीधे निमित्त बनते हैं। जैसे किसी ने सत्यमुख की सेवा दी, आपको बताया कि शिविर है, फ़लाँ सी.डी. सुनोगे तो तुम्हारी यह समस्या सुलझ जाएगी। उनके साथ प्रेम सच्चा है, एहसानमंदी का भाव सच्चा है। वहाँ प्रेम है तो किस कारण से है? नहीं है तो क्या कारण है? स्वयं का दर्शन करें, ईमानदारी से ख़ुद को सच बताएँ, ख़ुद से न छिपाएँ।

15. 'एस' पर संतान। संतान के प्रति आपका प्रेम कैसा है, स्वदर्शन करें, प्रेम का दर्शन करें। यदि यह रिश्ता आपके जीवन में अभी नहीं है तो पिछले अल्फ़ाबेट पर या आगे के अल्फ़ाबेट पर काम करें।

16. 'टी' पर टीचर्स हैं। स्कूल, कॉलेज के टीचर्स, इनके प्रति कहीं पर भी अपनी शंकाएँ, अपनी नफ़रत का दर्शन हो तो क्षमा माँग लें।

17. 'यू' पर अंकल। 'वी' पर वाहन चालक यानी ड्राइवर। 'डब्ल्यू' पर वाइफ़। इनमें से जो रिश्ते आपके जीवन में हैं, उन पर काम करें। इनके प्रति आपका प्रेम कैसा है, स्वदर्शन करें। सभी से क्षमा भी माँग लें।

18. 'एक्स', 'वाय', 'ज़ेड' पर अन्य। जैसे डॉक्टर, बॉस, दुकानदार इत्यादि। साथ ही बचे हुए कुछ रिश्ते याद आते हैं तो उन सभी से इकट्ठा क्षमा माँगें, 'भाव, विचार, वाणी, क्रिया से जाने-अनजाने जो भी कर्मबंधन की लकीरें बनी हैं, जो प्रेम को अभिव्यक्त होने से

रोक रही हैं, उन सबके लिए मैं क्षमा प्रार्थी हूँ। मैं याचक हूँ, मैं दिल से माफ़ी चाहता/चाहती हूँ। कृपया मुझे क्षमा करें।'

19. कुछ क्षण आँखें बंद रखें और क्षमा भाव में रहें।
20. धीरे-धीरे अपनी आँखें खोलें।

सरश्री अल्प परिचय

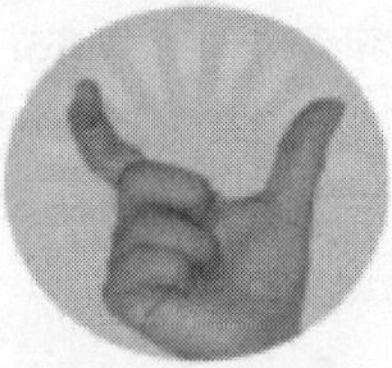

स्वीकार मंत्र मुद्रा

सरश्री की आध्यात्मिक खोज का सफ़र उनके बचपन से प्रारंभ हो गया था। इस खोज के दौरान उन्होंने अनेक प्रकार की पुस्तकों का अध्ययन किया। इसके साथ ही अपने आध्यात्मिक अनुसंधान के दौरान अनेक ध्यान पद्धतियों का अभ्यास किया। उनकी इसी खोज ने उन्हें कई वैचारिक और शैक्षणिक संस्थानों की ओर बढ़ाया। इसके बावजूद भी वे अंतिम सत्य से दूर रहे।

उन्होंने अपने तत्कालीन अध्यापन कार्य को भी विराम लगाया ताकि वे अपना अधिक से अधिक समय सत्य की खोज में लगा सकें। जीवन का रहस्य समझने के लिए उन्होंने एक लंबी अवधि तक मनन करते हुए अपनी खोज जारी रखी। जिसके अंत में उन्हें आत्मबोध प्राप्त हुआ। आत्मसाक्षात्कार के बाद उन्होंने जाना कि अध्यात्म का हर मार्ग जिस कड़ी से जुड़ा है वह है – समझ (अण्डरस्टैण्डिंग)।

सरश्री कहते हैं कि 'सत्य के सभी मार्गों की शुरुआत अलग–अलग प्रकार से होती है लेकिन सभी के अंत में एक ही समझ प्राप्त होती है। 'समझ' ही सब कुछ है और यह 'समझ' अपने आपमें पूर्ण है। आध्यात्मिक ज्ञान प्राप्ति के लिए इस 'समझ' का श्रवण ही पर्याप्त है।'

सरश्री ने दो हज़ार से अधिक प्रवचन दिए हैं और सत्तर से अधिक पुस्तकों की रचना की है। ये पुस्तकें दस से अधिक भाषाओं में अनुवादित की जा चुकी हैं और प्रमुख प्रकाशकों द्वारा प्रकाशित की गई हैं, जैसे पेंगुइन बुक्स, हे हाउस पब्लिशर्स, जयको बुक्स, हिंद पॉकेट बुक्स, मंजुल पब्लिशिंग हाउस, प्रभात प्रकाशन, राजपाल ऐंड सन्स इत्यादि।

तेजज्ञान फ़ाउण्डेशन – परिचय

तेजज्ञान फ़ाउण्डेशन आत्मविकास से आत्मसाक्षात्कार प्राप्त करने का एक रास्ता है। इसके लिए सरश्री द्वारा एक अनूठी बोध पद्धति (System for Wisdom) का सृजन हुआ है। इस पद्धति को अन्तर्राष्ट्रीय मानक ISO 9001:2008 के आवश्यकताओं एवं निर्देशों के अनुरूप ढालकर सरल, व्यावहारिक एवं प्रभावी बनाया गया है।

इस संस्था की बोध पद्धति के विभिन्न पहलुओं (शिक्षण, निरीक्षण व गुणवत्ता) को स्वतंत्र गुणवत्ता परीक्षकों (Quality Auditors) द्वारा क्रमबद्ध तरीक़े से जाँचा गया। जिसके बाद इन पहलुओं को ISO 9001:2008 के अनुरूप पाकर, इस बोध पद्धति को प्रमाणित किया गया है।

फ़ाउण्डेशन का लक्ष्य आपको नकारात्मक विचार से सकारात्मक विचार की ओर बढ़ाना है। सकारात्मक विचार से शुभ विचार यानी हैपी थॉट्स (विधायक आनंदपूर्ण विचार) और शुभ विचार से निर्विचार की ओर बढ़ा जा सकता है। निर्विचार से ही आत्मसाक्षात्कार संभव है। शुभ विचार (Happy Thoughts) यानी यह विचार कि 'मैं हर विचार से मुक्त हो जाऊँ।' शुभ इच्छा यानी यह इच्छा कि 'मैं हर इच्छा से मुक्त हो जाऊँ।'

ज्ञान का अर्थ है सामान्य ज्ञान लेकिन तेजज्ञान यानी वह ज्ञान जो ज्ञान व अज्ञान के परे है। कई लोग सामान्य ज्ञान की जानकारी को ही ज्ञान समझ लेते हैं लेकिन असली ज्ञान और जानकारी में बहुत अंतर है। आज लोग सामान्य ज्ञान के जवाबों को ज़्यादा महत्त्व देते हैं। उदाहरण के तौर पर– कर्म और भाग्य, योग और प्राणायाम, स्वर्ग और नर्क इत्यादि। आज के युग में सामान्य ज्ञान प्रदान करनेवाले लोग और शिक्षक कई मिल जाएँगे मगर इस ज्ञान को पाकर जीवन में कोई बड़ा परिवर्तन नहीं होता। यह ज्ञान या तो केवल बुद्धि विलास है या फिर अध्यात्म के नाम पर बुद्धि का व्यायाम है।

सभी समस्याओं का समाधान है तेजज्ञान। भय से मुक्ति, चिंतारहित व क्रोध से आज़ाद जीवन है तेजज्ञान। शारीरिक, मानसिक, सामाजिक, आर्थिक और आध्यात्मिक उन्नति के लिए है तेजज्ञान। तेजज्ञान आपके अंदर है, आएँ और इसे पाएँ।

यदि आप ऐसा ज्ञान चाहते हैं, जो सामान्य ज्ञान के परे हो, जो हर समस्या का समाधान हो, जो सभी मान्यताओं से आपको मुक्त करे, जो आपको ईश्वर का साक्षात्कार कराए, जो आपको सत्य पर स्थापित करे तो समय आ गया है तेजज्ञान को जानने का। समय आ गया है शब्दोंवाले सामान्य ज्ञान से उठकर तेजज्ञान का अनुभव करने का।

अब तक अध्यात्म के अनेक मार्ग बताए गए हैं। जैसे जप, तप, मंत्र, तंत्र, कर्म, भाग्य, ध्यान, ज्ञान, योग और भक्ति आदि। इन मार्गों के अंत में जो समझ, जो बोध प्राप्त होता है, वह एक ही है। सत्य के हर खोजी को अंत में एक ही समझ मिलती है और इस समझ को सुनकर भी प्राप्त किया जा सकता है। उसी समझ को सुनना यानी तेजज्ञान प्राप्त करना है। तेजज्ञान के श्रवण से सत्य का साक्षात्कार होता है, ईश्वर का अनुभव होता है। यही तेजज्ञान सरश्री महाआसमानी शिविर में प्रदान करते हैं।

● ● ●

महाआसमानी शिविर

यदि आपके पास सत्य प्राप्त करने की आकांक्षा अथवा इच्छा है तो महाआसमानी शिविर में आपका स्वागत है, जहाँ इस समझ में आपको सहभागी बनाया जाएगा। इस शिविर में भाग लेने के लिए आपको कुछ ख़ास माँगें पूरी करनी हैं। जैसे -

1. आपको सत्य-स्थापना शिविर में भाग लेना होगा, जहाँ आप सीखेंगे - वर्तमान के हर पल को कैसे जीया जाए और निर्विचार दशा में कैसे प्रवेश पाएँ।
2. आपको कुछ प्राथमिक प्रवचनों में उपस्थित होना है, जहाँ आप उस समझ को आत्मसात करते हैं, जो आपने सत्य-स्थापना शिविर में प्राप्त की है और तब आप महाआसमानी शिविर के लिए तैयार होते हैं।

महाआसमानी शिविर में असली अध्यात्म और सीधा सत्य तीन भागों में बताया जाता है - 1. हर वर्तमान पल को जीना, वर्तमान यानी न

भूतकाल का बोझ, न भविष्य की चिंता 2. 'मैं कौन हूँ', यह अपने ही अनुभवों से जानना 3. स्वबोध की अवस्था में स्थापित होना। यह शिविर सरश्री की शिक्षाओं पर आधारित है।

स्वबोध यानी 'जो आप वास्तव में हैं' को जानने के लिए आए हुए सभी लक्षार्थियों के लिए यह महाआसमानी शिविर है। यह शिविर साल में तीन या चार बार आयोजित होता है, जिसका लाभ हज़ारों खोजी उठाते हैं।

यह शिविर चेतना की दौलत बढ़ाने के लिए तथा अंतिम सफलता पाने के लिए सत्य के हर खोजी के लिए अनिवार्य है। महाआसमानी शिविर में ईश्वरीय ज्ञान प्राप्ति (सेल्फ़ रियलाइजेशन) के बाद आप वह नहीं रह जाएँगे, जो आज आप हैं। आप नकली आनंद से दूर, असली आनंद के मार्ग पर चलने लगेंगे।

महाआसमानी ज्ञान पाने की तैयारी हर खोजी अपने नज़दीक के तेजस्थान पर कर सकता है। आप महाआसमानी शिविर की तैयारी फ़ाउण्डेशन में उपलब्ध पुस्तकों, सी.डी. और कैसेट को सुनकर भी कर सकते हैं। इसके अलावा आप टी.वी. और रेडियो पर सरश्री के प्रवचनों का लाभ भी ले सकते हैं मगर याद रहे, ये पुस्तकें, कैसेट, टी.वी. व रेडियो के प्रवचन शिविर का परिचय मात्र है, तेजज्ञान नहीं। आप महाआसमानी शिविर में भाग लेकर तेजज्ञान का आनंद ले सकते हैं।

मैं कौन हूँ? मैं यहाँ क्यों हूँ? मोक्ष का अर्थ क्या है? क्या इसी जन्म में मोक्ष प्राप्ति संभव है? यदि ये सवाल आपके अंदर हैं तो यह शिविर उसका जवाब है।

महाआसमानी शिविर आपके जीवन का लक्ष्य है क्योंकि यह शिविर आपको भयमुक्त और तनावमुक्त जीवन देता है, दुःख से और दुःखी से भी मुक्ति देता है, सभी समस्याओं का समाधान करता है, आपको नकारात्मक विचारों से निकालकर आत्मसाक्षात्कार कराता है तथा सीधा, सरल, शक्तिशाली और समृद्ध जीवन देता है।

महाआसमानी शिविर की तैयारी नीचे दिए गए स्थानों पर कराई जाती है। पुणे, मुंबई, दिल्ली, सांगली, कोपरगांव, बार्शी, सातारा, जलगांव, अहमदाबाद, कोल्हापुर, नासिक, अहमदनगर, औरंगाबाद, सूरत, बरोड़ा, बारामती, मालेगांव, नागपुर, हैदराबाद, भोपाल, रायपूर, चेन्नई।

इस महाआसमानी शिविर में भाग लेकर आप अपनी सत्य की खोज पूर्ण कर सकते हैं। इस शिविर के लिए भोजन और रहने की व्यवस्था की जाती है।

यदि आपको कोई शारीरिक बीमारी है और आप नियमित रूप से उसके लिए दवाई ले रहे हों तो कृपया अपनी दवाइयाँ साथ में लेकर आएँ। वातावरण अनुसार गरम कपड़े, स्वेटर, कम्बल आदि भी लाएँ।

महाआसमानी शिविर में भाग लेने के लिए संपर्क स्थान

पुणे सेंटर : विक्रांत कॉम्प्लेक्स, तपोवन मंदिर के नजदीक,
पिंपरी, पुणे-411 017.

आगामी महाआसमानी शिविर में अपना स्थान आरक्षित करने के लिए संपर्क करें : 020-67097700/ 09921008060/75, 9011013208

महाआसमानी शिविर स्थान

महाआसमानी महानिवासी शिविर 'मनन आश्रम' पर आयोजित किया जाता है। यह आश्रम पुणे शहर के बाहरी क्षेत्र में पहाड़ों और निसर्ग के असीम सौंदर्य के बीच बसा हुआ है। इस आश्रम में पुरुषों और महिलाओं के लिए अलग-अलग, कुल मिलाकर 600 लोगों के रहने की व्यवस्था है। यह आश्रम पुणे शहर से 17 किलो मीटर की दूरी पर है। हवाई अड्डा, हाइवे और रेल्वे से पुणे आसानी से आ-जा सकते हैं।

मनन आश्रम, पुणे, सर्वे नं. 43, सनस नगर, नांदोशी गांव,
किरकट वाडी फाटा, तहसील - हवेली, जिला :
पुणे - 411024. फोन : 09921008060

तेजज्ञान फ़ाउण्डेशन – संपर्क स्थान

पुणे (रजिस्टर्ड ऑफ़िस) : विक्रांत कॉम्प्लेक्स, तपोवन मंदिर के नज़दीक, पिंपरी, पुणे–411 017. फ़ोन : 020–27411240, 27412576

मनन आश्रम : सर्वे नं. 43, सनस नगर, नांदोशी गांव, किरकट वाडी फाटा, तहसील – हवेली, जिला – पुणे – 411 024. फ़ोन : 09921008060

तेजज्ञान कार्यक्रम

- हर रविवार शाम 8.10 से 8.30 संस्कार चैनल पर प्रवचन
- हर मंगलवार सुबह 9.15 रेडियो विविध भारती, एफ. एम. पुणे पर प्रवचन
- शुक्रवार, शनिवार, रविवार सुबह 9.15 पर 'तेजविकास मंत्र' रेडियो विविध भारती, एफ. एम. पुणे
- हर शनिवार सुबह 8.55 रेडियो एम. डब्ल्यू. पुणे, तेजज्ञान इनर पीस ऐंड ब्यूटी कार्यक्रम

नोट : उपरोक्त कार्यक्रमों के समय बदल सकते हैं इसलिए समय पुष्टि करें।

पुस्तकों से संबंधित अधिक जानकारी के लिए संपर्क करें

09011013210 / 09623457873

Online Shopping cart available. Visit us today : www.gethappythoughts.org

---

तेजज्ञान इंटरनेट रेडियो

- 24 घंटे और 365 दिन सरश्री के प्रवचन और भजनों का लाभ लें, तेजज्ञान इंटरनेट रेडियो द्वारा। देखें लिंक – http://www.tejgyan.org/internetradio.aspx

---

e-book	: 'The Source', 'Complete Meditation', 'Self Encounter', 'Inner Magic', 'Beyond Life', 'Ultimate Purpose of Life','The Five Supreme Secrets of Life' & 'Tumhe Jo Lage Accha Wahi Meri Iccha' ebooks available on Kindle
Free apps	: U R Meditation & Tejgyan Internet Radio on all platforms like Android, iPhone, iPad and Amazon
e-magazine	: 'Yogya Aarogya' & 'Drushtilakshya'(Marathi) emagazines available on www.magzter.com
e-mail	: mail@tejgyan.com
website	: www.tejgyan.org, www.happythoughts.in

पुस्तकें प्राप्त करने के लिए यहाँ दिए गए पते पर मनीऑर्डर द्वारा पुस्तक का मूल्य भेज सकते हैं। पुस्तकें रजिस्टर्ड, कुरियर अथवा वी.पी.पी. द्वारा भेजी जाती हैं। इसके लिए नीचे दिए गए पते पर संपर्क करें।

तेजज्ञान ग्लोबल फ़ाउण्डेशन, पिंपरी कॉलोनी, पोस्ट ऑफ़िस बॉक्स 25, पिंपरी-पुणे - 411017 (महाराष्ट्र) मो.: 09011013210.

आप ऑन-लाइन शॉपिंग द्वारा भी पुस्तकों का ऑर्डर दे सकते हैं। लॉग इन करें - www.gethappythoughts.org पुस्तकें मँगवाने पर डाक-व्यय की छूट है और 4 से अधिक पुस्तकें मँगवाने पर डाक-व्यय के साथ 10% की भी छूट है।

विश्व शांति के लिए लाखों लोग प्रतिदिन सुबह और रात 09:09 मिनट पर प्रार्थना करते हैं। कृपया आप भी इसमें शामिल हो जाएँ।